「いつも誰かに振り回される」が一瞬で変わる方法

大嶋信頼

JN089705

リベラル文庫

はじめに

他人に「振り回されている」と思った経験はありませんか？

・人の言葉を真に受けすぎて、いちいち過剰反応してしまう
・相手のちょっとした表情や言葉から、嫌われているのかも？と思ってしまう
・そのときの相手の態度によって、相手に対する評価が「私を理解してくれる素晴らしい人」から「何もわかっていない最低な人」になるなど、コロコロ変わってしまう
・メールの返事が遅かったり、ＳＮＳにいいね！がつかないと、すごく不安になってしまう

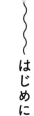

・嫌だと思いながらも、マイペースな人の都合のいいように行動してしまって、ストレスがたまる

これらはすべて「振り回されている状態」です。

人は恋愛、職場の人間関係、家族関係など、周りの人の気持ちばかりを考えすぎて行動してしまうとき、「振り回されている」と感じます。

私自身、幼少期から「〇〇ちゃんは僕のことを嫌っている！」とか「〇〇先生は僕のことを馬鹿にしている！」などと考えていて、「自分はどうして、嫌われたり、馬鹿にされたりするのだろう？」と常に悩んでいました。

「人の気持ちを考えないようにしよう！」と決心しても、ちょっとした相手の態度で「あの子は僕のことを嫌っている！」とわかってしまい、また、うじうじねちねちと考え出してしまっていました。

「人の気持ちがわかってしまう」とはどういうことなのか。

そんな疑問をクライアントさんたちと一緒に考えるうちに、人はどうしたら自由に生きることができるのか？という答えが見えてきました。

私のカウンセリングに来られる方の中にも、身近な人のちょっとした言動を深読みしすぎてしまったり、本当は嫌なのに相手に合わせすぎて不満をためこんだり、一人でいるときも自分以外の誰かの言動を思い出して怒りをためてしまったりする方が多くいます。


「人に振り回されてしまう」という現象を取り上げたときに、一見すると、それは個人の性格の問題、と思われることも多いのですが、実は人間関係の影響を考えずにこのテーマの答えを出すことはできない、と私は考えています。

「人間がお互いに影響し合っている」という事実は社会学者によって説明さ

れてはいるものの、精神科医や心理学者がそのような説明をしている本はあまりありません。

なぜなら、精神科医や心理学者は「個人」に注目して研究をしているからです。

本書では専門用語をなるべく使わず、「不満を感じているにもかかわらず、人にどうしても振り回されてしまう理由」と、その振り回されている状況を打破するための「暗示」をご紹介します。

一見奇妙に思われる「暗示」も「他人から悪い影響を受けづらくする」「嫌なことが起こってもうまくかわせる」「自分や他人の『思いこみ』を書き換え、良い人間関係をつくる」などの効果を発揮します。

私が本書で説明する分野は、精神科医も心理学者もあまり研究していない分野なので、はじめて読まれる方にとっては受け入れがたいかもしれません。

しかし、あまりピンとこなかったとしても、ぜひ「そんなこともあるかもしれない」と思いながら読み進めていただけると有り難いです。

暗示を使っていくうちに、〝偽りの自分〟から解放され、「本当の自由」を実感できるようになります。

本書を読むことで、一人でも多くの方が本当の自由を手に入れることができますよう願っております。

もくじ

第2章

知らぬ間にできあがる力関係の正体

第3章

「ダメな自分」幻想から抜け出す

第4章 あの人を一瞬で「いい人」に変える

第1章

いつも誰かに振り回されていませんか？

①
つい自分をおさえて他人を優先するクセ

嫌われないように、怒らせないように…

気がつくといつも、人の気持ちばかり考えてしまう。

そして、頭の中で「あの人」との会話のやり取りを再現して、相手に怒ったり「悪いこと言っちゃったかな？」と自己反省をして時間がムダに過ぎていく。

相手から「嫌われちゃう」とか「馬鹿にされているのでは？」ということばかり気になって、嫌われないように、馬鹿にされないように、と一生懸命に考えても、やっぱり後になって頭に浮かんで来るのは、嫌われちゃう、馬鹿にされている、なめられている、ということ。

私自身、このように子どもの頃からいつも人の気持ちを考えてしまうクセがついていました。

相手に親切にしてあげよう、と思って相手の気持ちを考えて何かをやってあげると、いつも自分が馬鹿を見る。だから、絶対に親切にしないようにしよう、と思って固く決心をしても、気がついたら相手の気持ちを考えて、行動してしまってやっぱりみじめな気分になる結果が待っていたのです。

つい人の気持ちを考えてしまう人は、相手を思いやる気持ちのある優しい人です。

けれども、人の気持ちを考えてしまうことで、時間をムダに費やしたり、自己嫌悪に陥ったりしていては、あまりにももったいない。

第1章ではまず、どうして人に振り回されてしまうのか、その理由について見ていきたいと思います。

親切にすると裏切られる⁉

ある女性のクライアントさんの話です。

その女性は、求職活動中の男性に仕事を提供したことがありました。

すると、その男性はしばらくしてから「給料が安い！」と文句を言い出して、さらには会社の悪口を他の社員に吹聴するようになりました。

女性は**「せっかく相手のためにやってあげたのに！」**と悔しさと怒りでいっぱいです。

わざわざ別に必要でもない仕事を男性のためにつくってあげて、給料が出る仕事をさせてあげたのに、結果、そんな気持ちはまったく相手には伝わっておらず、あることないことを言いふらされて傷つけられてしまった。

そんなことがあってから、その男性のことが頭から離れずに、いつまでも沸々と怒りがわいてきて、眠れなくなってしまいました。

実はこの女性は他の人間関係でも同じようなことを何度も繰り返していました。

相手のことを親身になって考えて親切にすれば裏切られ、傷つけられて、そして相手に対する怒りでいっぱいになってしまう。

でも、そんな相手が人懐っこい笑顔で近づいてくると、再びまた同じように相手の気持ちを考えて親切にしてしまい、結局同じように裏切られて、傷つけられて相手に対する怒りにまみれてしまう。

一見、「相手に親切にしているのだから、親切にする側の問題ではなくて、それを裏切ってしまうような相手の問題なのでは？」と思えます。

しかし実は、相手側の問題ではなく、「自分側」の問題なのです。


相手の立場になってあげて、相手が求めているようなことをして〝あげる〟と、それが素晴らしいことであればあるほど、相手は「モンスター化」してこちらをブルンブルンと振り回す、という現象が起こります。


恋愛関係でいうと、わがままなパートナーとお付き合いしている人にありがちなことです。

低姿勢でいけばいくほど、相手はつけあがってどんどん行動がわがまま放題になっていく。

相手は何をやってあげても満足することなく、要求はどんどん上がっていき、やがて親切にした側を辱めて苦しめるようなことをするようになります。

親切にした側はいつの間にか相手から「加害者」扱いをされて、相手から弾圧される立場になってしまうことも。

これは「世知辛い世の中だからこうなる」というわけではなくて、**「自分の気持ちよりも相手の気持ちを優先したときに相手から振り回されてしまう」**という興味深い現象なのです。

2 あの人の言動に一喜一憂！もう疲れた…

「え？　今のどういう意味？」

振り回されてしまうタイプの人は、相手が言ったことを「なんであの人はこんなことを言うのだろう？」と考えてしまって、ひと言に対して自分の解釈をどんどんつけ足してしまいます。

ちょっとした言葉から、相手の気持ちを深読みして「あの人は私を低く見ている！」という結論を出して怒ったり、低く見られるような振る舞いをしている自分にダメ出しをする。相手のしぐさなどを見て、勝手に自分につなげて考えてしまうのは、ただの〝自意識過剰〟が原因なのでしょうか。

私がカウンセラーになって間もない頃のことです。

アルコール依存症の患者さんが酔っ払ったままクリニックに来てしまったことがありました。

本当は、酔っ払った患者さんをクリニックの中に入れて対応してはいけないのですが、その患者さんは「俺は今、本当に死のうと思っていたんだ！」と言います。

あせって院長に「今回だけは特別に話を聞かせてください！」と直談判してみると、院長は意味深な笑いを浮かべながら「いいよ！」と承諾してくれました。

「何か悪いことしたかな」と考えすぎる

お酒のにおいをプンプンさせた患者さんを面接室に入れると、患者さんは何度も同じ話をします。

「俺はあまりにも金がなくてさ。さっき公園で鳩を素手で取って焼いて食おうとしたんだよ！」と鳩を素手で捕まえたことを自慢げに話します。

もちろん私の頭の中では「お金がないなら、どうしてこんなに酔っ払えるの？」という素直な疑問がわいていましたが、患者さんは「死んじゃう！」と言っていたので、ひたすら患者さんの話を聞くことにしました。

すると今度は患者さんが涙ぐみながら、「大嶋さんって、いい人だよな〜！」と始まりました。「いい人！」と言われた瞬間、それまで丸まっていた背中が伸びて耳がダンボになる私。

「こんな俺のためにいつも親身になって話を聞いてくれて。本当に大嶋さんはいい人だよ」と涙ぐみながら言われて、思わず私も泣いて患者さんと握手をしたくなっていました。でも、次の瞬間、「でもよ、大嶋さんって、どっか冷たいところがあるよな〜!」と患者さんが眠そうな目をしてポツリと言いました。

「何？　なんのことを言っているの？」と聞き返したかったのですが、「自分のことはどうでもいいから患者さんの話を聞かなければ」と思って、「どこが冷たいの？」と聞きたくなる衝動をおさえました。

でも、頭の中では「この患者さんは私の冷たい態度で傷ついて、酒を飲んで死にたくなっちゃったのかな？」とものすごく不安になります。しかし、そんなことを患者さんに確認したら「そうだ！」と絶対に言われるから、こわくて聞けません。

「私の対応が冷たいのかな？」と、これまでの自分の患者さんへの対応を、頭の中で再生して検証してしまいます。

「あのとき、院長に叱られて余裕がなかったときのことを言っているのかな？」と考え始めると、いろいろなことが思い当たってしまいます。

「そんなことを言ったって、私だって仕事が忙しくて余裕がないんだから！」と患者さんに怒りがわいてきたりするのですが、「もしかして、自分の対応のせいで患者さんを傷つけていたら申し訳ない！」という気持ちも襲ってきます。

今回酔っ払って死にたくなってしまったのが私のせいだったら、私はこれから先、臨床家としてやっていく資格はないのでは？と、延々と考え続けてしまいます。

言葉を真に受けるから巻きこまれる

そしてついに、「臨床家としてやっていけないのだったら、生きていてもしかたがないのでは？」というところまで到達してしまいました。

家に帰っても風呂に入りながら、グルグルと患者さんに申し訳ない気持ちが頭の中を巡ります。こんなに苦しいのだったら死んでしまいたい、と思うぐらい罪悪感と劣等感で苦しんでいました。

「もう自分は臨床家を辞めるしかない」と、うなだれながら考え続けて一週間が経ったあるとき、フッとあの院長のニヤニヤした顔が浮かびました。

「ちょっと待てよ。もしかしたら、私が患者さんに〝巻きこまれて〟苦しくなっているってこと？」と気がついたのです。

〝巻きこまれ〟とはアルコール依存症の専門用語のようなもので、「依存症さんの言葉を真に受けてしまうと、自分自身を見失ってしまって相手の感情に振り回されて苦しくなってしまう」という状態のことを指します。

「院長！　私は患者さんに巻きこまれて苦しくなっていたんですね！」と報告すると、院長は「今ごろわかったか！」とニヤリとしました。

院長と他の先生たちは、私が患者さんに〝巻きこまれている〟ことに気がつくのに、どれだけの時間がかかるかを賭けていたようで、院長はみごとに予測が的中したと、とても喜んでいました。

そして院長は**「相手の言葉を真に受けてしまうと、相手の感情に振り回されてしまって、自分を見失って苦しくなってしまうんだ」**と教えてくれたのです。

あなたって冷たい人ね
申し訳ない…
なんのこと？
僕のせい？
いやそんなこと言われてもこっちだって

3 こうして目に見えない上下関係が生まれる

相手の不機嫌の責任を負ってしまう

先ほどの〝巻きこまれた〟経験をきっかけに、私自身、どうして人の言葉を真に受けて苦しむようになってしまったのか?と「人の言動に振り回されてしまう仕組み」を考えるようになりました。

たいていの人は、人の言葉を聞き流すことができます。ただの悪口、ちょっとした批判、見当違いなアドバイス……。一瞬カッとなったとしても、まぁどうでもいいやと思えるものです。

でも、私は人の言葉を聞き流せず、真に受けて〝巻きこまれ〟て苦しくなってしまうのです。

相手の不機嫌な態度や表情を見て、それらをすべて「自分のせいで相手は不機嫌になっている」とか「自分に対する当てつけで、あんな態度を取っている」と自分に関連づけて勝手に解釈して、「何とかしなければ！」と反応してしまう。

反応してしまった結果、本当は無関係なはずだった相手の感情に対しての責任を負わなければならなくなる。

そして、**相手の感情を背負わされた結果、そこに「上下関係」ができてしまうのです。**

エラそうな人を無条件に「すごそう!」

以前、企業で採用面接の担当をしていた頃のことです。

採用面接のときに、会社に採用してもらうために面接に来たにもかかわらず、ものすごく威圧的な人がやってきました。

椅子にふんぞり返って、こちらの質問に対してつっけんどんに答え、そしてエラそうな態度でこちらに質問をしてきます。

たぶん、普通の人がこんな傍若無人な態度を見ていたら、「不採用!」となるはず。

でも私の場合、どうしてもこの人のことが気になってしまって、「不採用!」にすることができなくなってしまいました。

今考えてみたらおかしな話なのですが、あの威圧的な人にまるで自分が否定されて、馬鹿にされたような気がして、「あの人にちゃんと自分の能力を認めてもらいたい」と思ってしまったのです。そして、**「あんな威圧的な態度をしているくらいだから、きっと私にできないようなすごい仕事ができるのでは？」**と思い、周りの反対を押し切って採用してしまったのです。

でも実際に採用してみると、その威圧的な人は仕事がまったくできません。「え？　あんなに態度がビッグだったのにどうして仕事ができないの？」と不思議な気持ちになります。

仕事ができなくても態度は横柄なままで、ちっとも反省をしたり改善したりする兆しがありません。「私の仕事の指導の方法がよくないから、ちゃんと仕事ができないのかな？」と思って、一生懸命になって指導しました。

しかし、一生懸命に指導すればするほど、相手はふてくされて、ますます仕事ができなくなります。

「私が一生懸命になりすぎるからいけないのかも？」と思って「自由にやらせておこう！」と放っておくと、今度は仕事をまったくやらなくなってしまいます。

そして時が過ぎていき、やがて「こんな仕事、あんたの下でやってられない！」と突然、辞められてしまいました。

「この人に認められたい！」

威圧的な人を見ると、無条件に「能力が高い人なのかも？」と思ってしまう。

これは「自己評価を他人の態度で左右されてしまう人」だけに起きる現象なのです。

普通の人は「自分はみんなと比べて平均以上である」という健康的な感覚が備わっているので、威圧的な人を目の前にしても「自分は相手から見下されるような能力が低い存在である」とは思いません。

しかし、**威圧的な人に認められたい、と思ってしまうタイプの人は、相手のちょっとした態度によって自己評価が左右されてしまいます。**

・マイペースな友人
・自分の利益のことしか考えない理不尽な上司
・思いやりのないパートナー

こういった人と接するとき、相手の言っていることに違和感を感じても、「でも相手のほうが正しいのでは？」と思ってしまうことはないでしょうか。

また、相手のことをおかしいと思っているにもかかわらず、相手のちょっとした態度で一喜一憂してしまい、相手に振り回されてしまいませんか？

威圧的な態度を取られると、「自分はこの人よりも能力が低いと見られているのかも？」と思って、「この人から認められたい！」と一生懸命に努力をしてしまう。

でも、努力をすればするほど、威圧的な人から蔑まれて馬鹿にされてしまう。するとますます謙虚になって努力しなければならなくなって、すればするほどみじめな気持ちになっていく。見事なまでの悪循環です。

「だったら、威圧的な人を見たら関わらなければいいじゃない！」と簡単に言う人もいますが、それができたら苦労しません。

「あんなタイプの人とは絶対に関わらない！」と思って、痛い目にあった後は固く決心をしていても、なぜかまた同じことを繰り返してしまうのです。

4

「怒ってるのは私のせい？」と考えない

グルグル反省を繰り返す…

「相手にどう見られているの？」と他人の気持ちが優先になっていると〝本当の自分の気持ち〟がわからなくなります。

そして、自分の気持ちがわからなくなると、常に人の気持ちを考えて「相手から嫌われないように」、そして「相手から認められるように」と努力し続けてしまうのです。

しかし、努力しても相手から認められたり、感謝されることなんかありません。

なぜなら人間のもともとの性質は「成功したら自分のおかげ、失敗したら相手のせい」となっているからです。


一生懸命に努力しても認められることも感謝されることもないので、「自分のどこが悪いのだろう？」とか「あんなことを言っちゃったから、あの人から嫌われちゃったのかも？」と自己反省をしてどんどん不安になります。

でも、しばらくすると一転して、「なんでこんなに尽くしているのに、あいつは私のことを認めないで馬鹿にしてばかりいるんだ！」とか、「なんでちっとも感謝してくれないの！」と怒りや恨みへと変わって、頭の中で相手に対する仕返しや復讐が始まるのです。

「もう、絶対にあいつなんかに親切にしてやるもんか！」

そう固く決心したとしても、次の日になって再び会ってみて、ちょっとでも

相手から親切にされるとそれを真に受けて、「この人、いい人なのかも？」と思って近寄ってしまいます。

そして、相手が不機嫌になると「私が何か悪いことをしちゃったかも！」と相手の感情に振り回されてしまうのです。

失われた「自分」を取り戻す！

このように、相手の言葉を真に受けてしまう傾向があると、すぐに巻きこまれ、いつの間にか相手の感情に振り回されて、一喜一憂させられてしまうのです。

一人になっても相手のことが頭から離れなくなって、いつの間にか〝自分〟という存在が失われてしまいます。

一見、これは人それぞれの性格や言動の問題と思ってしまいがちですが、実は「脳のネットワーク」の問題なのです。

第2章では、振り回されてしまう原因である、「脳のネットワーク」の仕組みをご説明します。仕組みを知れば知るほど、「自分の性格のせいではなかった」ことに気づくはずです。

第2章

知らぬ間にできあがる力関係の正体

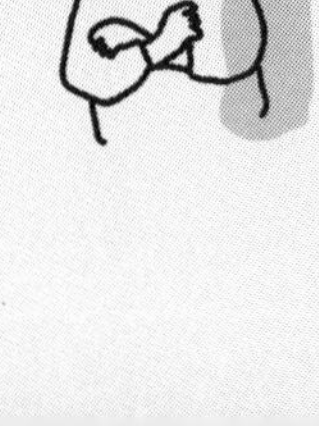

1 人の不満や不安が「うつって」しまう!?

となりの人が緊張していると、自分まで緊張する…

相手の言葉に一喜一憂したり、批判や悪口を真に受けすぎたり、相手の都合にばかり合わせて行動してしまったり……。私たちが他人に振り回されてしまうのは性格の問題なのでしょうか。

実はこれは「個人の性格」が問題なのではなく、「脳」の問題なのです。

脳の中には「ミラーニューロン」という「人の行動をまねする」神経細胞

があります。

1996年にイタリアの脳科学者によって発見された神経細胞の「ミラーニューロン」は、他人の動作を見ているとき、脳の中で自動的にその他人のまねをする、ということがわかっています。

「ミラーニューロン」という名称は、他の人の行動を見ると、まるで自身が同じ行動をとっているかのように〝鏡（ミラー）〟のような反応をすることから名づけられたものです。

緊張している人のそばにいるだけで、緊張がうつってしまうという経験をしたことはないでしょうか。

これは相手が近くに来ただけで、脳が自動的に相手のまねをしてしまって、緊張してしまうからなのです。

気づかないうちに他人の感情が侵入してくる

振り回されてしまう人は自分自身に原因があると思いがちです。しかし、緊張が周りから「うつった」ように、自分で緊張を引き起こしていない場合はいかがでしょうか？

他人からうつった緊張は自分のせいではないのと同じように、**変えたいと思いながらも変えられないと苦しんでいるさまざまな症状は、実は自分のオリジナルではなくて、近くにいる人の脳をミラーニューロンが自動的にまねてつくっている症状だったりするのです。**

脳は常にいろいろな人とつながって、コミュニケーションを取っています。その様子はあたかも「無線ＬＡＮ」のようです。

このように人間の脳と脳は現代の科学では計測できない周波数でお互いにコミュニケーションを取っている、という仮説を本書では「脳のネットワーク」と呼ぶことにします。

脳のネットワークは意識しなくてもいつもつながっており、自分にとって悪い情報も勝手に流れこんできます。

気づかないうちに
脳をモノマネしてる
あー緊張するなー
あれ？急にドキドキしてきた
ピピピ
緊張
緊張
ドキドキ
は、はじめまして
は、はい
ドキドキ

緊張がうつるのは「ミラーニューロン」のせい!

すると、常に不安や不満、怒りなどの感情に悩まされ、本人が望んでいないにもかかわらず、いつも他人を優先して行動してしまうようになるのです。その様子はまるで誰かに支配されているようでもあります。

「暗示」を使えば簡単に状況が変わる！

第2章では、他人に振り回されてしまう仕組みを「脳のネットワーク」の観点から説明していきます。

脳について理解を深めるうちに、自分が今までどうしても変えることができなかった心や行動のクセに気づき、いろいろなことが腑に落ちてくるはずです。

そして、その他人に振り回されてしまう状況は変えられないものではなく「暗示」によって簡単に脱出できるのです。

「暗示」とは催眠療法などで使うもので、言葉や合図などで相手の思考や行動、そして感覚までも誘導するテクニックです。

暗示をかけられた相手は、自分の行動が暗示によって変えられたとは気づかずに、自然にそうなったと思いこんでしまいます。

振り回されてしまう人に暗示がなぜ有効なのかというと、**暗示を使うことによって、「脳のネットワーク」を通じて周りから流れこんでくる不要な情報をシャットダウンしたり、書き換えたりして自分の都合のいいように変えていくことができる**からです。

すると、今までうまくいかなかった人間関係がおそろしいぐらい、良好に展開していき、いつまでたっても消えなかった不満、不安、嫉妬なども、うそのように消えていきます。

それではまず、「脳のネットワーク」についてご説明していきましょう。

2 「どうしてあなたは！」と思った瞬間、巻きこまれる

脳の「憑依」現象

怒りっぽい相手と接すると自分も怒りがわいてきたり、緊張している人といっしょにいると自分も緊張してしまったり、普段おおざっぱなのに、神経質な人といると、自分まで神経質になってしまったり……。

このように、接する相手によって、自分の人格がコロコロ変わってしまうことがあります。

なぜなら、脳の中のミラーニューロンの働きにより、まるでカメレオンの

ように相手の脳の状態をまねしてしまうからです。

先述の通り、脳は相手に注目を向けると相手の脳の状態をまねる性質があります。

「巻きこまれてしまう人」は常に自分の感覚ではなく、相手の感覚に注目をしてしまい、その結果、相手の脳をまねて「憑依状態」になってしまいます。そして、相手のダメダメ人格が自分に乗り移るのです。

旦那さんの浮気性の問題で、ある夫婦がカウンセリングにやってきたことがありました。

奥さんは知的で優秀な方で、「夫の浮気問題は過去のトラウマに関係しているのでは？」と冷静にお話しくださいました。

旦那さんは、まるでチンピラのような恰好をして、ふてくされた態度で「なんで俺がこんなところに来なくちゃいけないんだ！」と言ってイライラしています。

普段から、旦那さんは時折奥さんに暴言を吐いて、子どもにまで八つ当たりすることがあるそうです。

奥さんに、「このふてぶてしい旦那さんの浮気性の問題をなんとかして治療してほしい」と相談されました。

夫の浮気性を直したい！

カウンセリングの中で、奥さんは「なんであなたは私が子育てで忙しくて大変な思いをしてるのに、チャラチャラと女の人と飲みに行っているの？」と質問しました。

旦那さんは「俺だって大変なんだから、誰と行こうと勝手だろ！」と開き直ります。

「私が出産で大変なときだって、あんたはちっとも助けてくれなくて、そのときだって浮気してたでしょ！　どうしてそういうことができるの？」と責めます。

すると旦那さんは「俺は浮気なんかしてない！」と再び開き直ります。

そして、旦那さんが開き直るたびに、あれほど冷静だった奥さんの冷静さが失われていき、言葉遣いが旦那さんとそっくりになってチンピラ状態になってきました。

「あんたなんてね、私の両親からも私の友だちからも嫌われているんだから！　本当に頭が悪くてムカつく！」と切れたのです。

旦那さんのほうは「うるせー！　お前だって俺の金目当てだろ！」なんてわけのわからないことを言っています。

奥さんの発言は、**「なんであんたは？」**と夫を責めていくにつれて、「友だちからも嫌われている」などの家庭を破壊するような暴言に変わっていきました。

実は、「なんでこの人は?」とか「どうしてこの人は?」と相手の気持ちを考えると、相手に〝憑依〟してしまうのです。

〝憑依〟とは、相手の気持ちを考えることで相手との脳のネットワークのつながりが強化されて、相手の感覚になってしまったり、同じ言動になってしまうこと。

奥さんは、旦那さんの気持ちを考えて「なんとか旦那さんの気持ちを変えよう!」と思ったときに、旦那さんに〝憑依〟してしまって、いつの間にか旦那さんと同じような、家庭を破壊する「破壊神」へと変貌していったのです。

これまで旦那さんのことを真剣に思って、身を挺して旦那さんを支えてきた奥さんの人格がこれほど変わってしまうのは、とても興味深くありました。

責めたとたんに人格を乗っ取られる

誰かに注目して、その人の気持ちを考えてしまうと、相手に〝憑依〟していつの間にかその人の感覚になって、感覚が増幅してコントロールできなくなる、という現象がまさにこれなのかもしれない、と思いました。

脳のネットワークを通じて相手の脳をまねてしまうと、相手の感覚になってしまいます。

そして、いつの間にか、だらしない旦那さんに輪をかけたような「破壊神」へと奥さんが変身してしまったのです。

相手に注目すると、その相手の人格に成り代わってしまう。これはあくまでも仮説だったのですが、次のカウンセリングで「脳のネットワークってあるんだな〜！」という確信に変わりました。

なんと！　あれほど清楚でしっかりしていた奥さんの服装が乱れて、チンピラのような服装になって、髪の毛はぼさぼさ、そして態度はふてくされた状態になっていたのです。

そのとなりには、ぼさぼさだった髪の毛が七三分けに整えられて、さわやかな大学生風の服を身にまとい、背筋を伸ばして座る旦那さんの姿がありました。

旦那さんは口を開くなり「先生、ウチの妻をなんとかしてくださいよ〜！」と言い、奥さんはその横でガムをクチャクチャ噛みながら「うるせ〜！」とつぶやいていました。

「なんでこの人は？」と相手の気持ちを考えると、相手に〝憑依〟してしま

い、不快感は増幅します。そして、いつの間にか自分が自分でなくなって、相手に「支配されてしまう存在」になるのです。

相手の気持ちを考えると「憑依」してしまう

3 無言のメッセージを流す「脳のネットワーク」仮説

「2・6・2の法則」が必ず起きる理由

さて、「支配する側」と「支配される側」の関係について、「働きアリ」と「働かないアリ」を例にとって考えてみます。

アリの世界では、1つの巣に100匹のアリがいたら、そのうちの2割である20匹がものすごく働いていて、6割である60匹が働いているフリをしています。そして、残りの20匹がまったく働かない、という構成になっています。

不思議なことに、働きアリだけを違う巣から100匹集めてきても、同じように2・6・2の割合ができあがって、働きアリは20匹だけになります。アリは会議をしたわけでもないのに、自然と2・6・2の割合をつくってしまうのです。

ということはつまり、アリの脳も人間の場合と同じく、無線LANのようにネットワークにつながっているのではないかと考えられます。

さらに、働いているアリのストレスを働かないアリが請け負ってしまい、「働けない！」となっているという仮説も立てられます。

働きアリのストレスは「脳のネットワーク」を通じて、働けないアリの脳に請け負われます。だから、働きアリは働き続けられる。そして、ストレスを請け負わされたアリは「働けない……」と思うように動けなくなっている、と考えてみると大変興味深いものです。

やりたくないことをやらされる

このアリに起こった現象は人間社会の会社の中でも見られ、会社を「1つのグループ」と見ると、「仕事ができる人」は必ず2割だけになっています。**「脳のネットワーク」を通じて、「仕事ができる2割の人」のストレスを負わされるため、2割の人は「まったく仕事ができないダメ人間」にされてしまいます。**

会社の中だと、仕事ができる人と比べられて、「あの人って全然仕事ができないよね～！」と悪口を言われます。

悪口を言っている人は、仕事ができない人の悪口を言うことで自分のストレスを発散しているのです。

悪口を言われた側は当然嫌な気分になりますが、これは、単純に「嫌なことを言われたから」だけではなくて、トップ2割のストレスが6割の人を経由して自分に流れてくるからなのです。

本人は「会社で嫌なことを言われたからムカついて眠れない」と思っているのですが、実際は、脳のネットワークを通じてトップ2割のストレスを請け負ってしまったために、それを処理しきれずに眠れない、となっていたりもします。

ストレスで眠れない下の2割は、睡眠不足でさらに仕事ができなくなるのです。

実は、この〝下の2割〟になる可能性が高くなる人は、脳の中にある「緊張のスイッチ」が壊れてしまった人です。

いつも緊張度が高いこの人たちは、相手におびえて気を使った瞬間、「2・6・2」の下の2割を請け負わされ、ストレスを背負わされる役割にされます。

そして、いつも誰かにストレスを負わされて、やりたくないことをやらされている、という感覚になってしまうのです。

そんな「やらされている」という人を見て、周囲は「いつも人のせいにばかりしている！」とか「甘ったれている！」などと暗示を入れるのも、下の2割に定着させるためだったりします。

周囲の人は、「いつも、やりたくないことをやらされている」となげく、甘えん坊で無責任な人間（と〝暗示〟をかけられてしまった人）を常に必要としています。なぜかというと、その人が自分たちのストレスを請け負ってくれるからです。

さて、この「下の2割になってしまいやすく、いつも緊張度が高い人たち」について、次の項でくわしく見ていくことにしましょう。

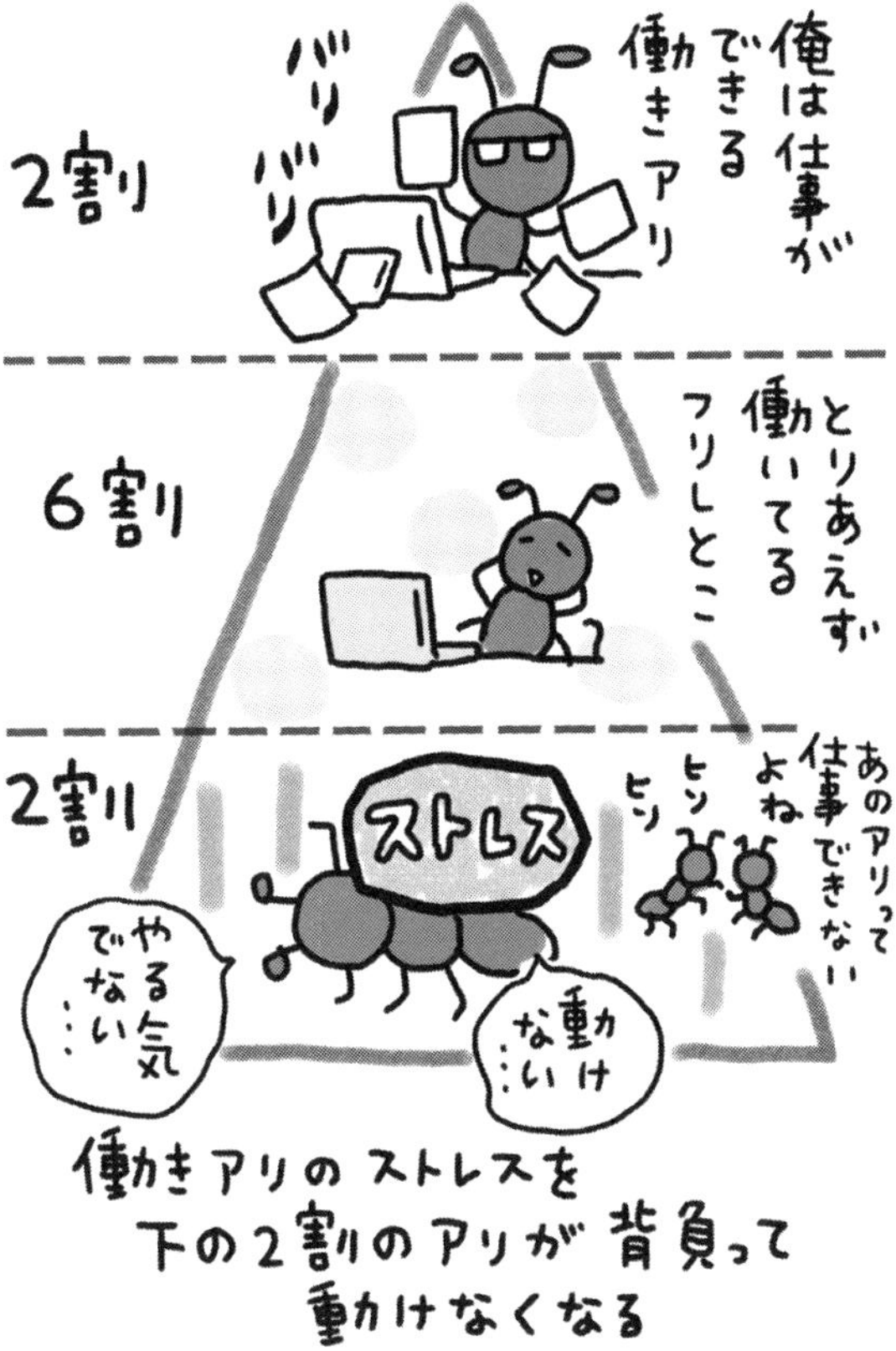

アリの世界も人間の世界も同じ!

④ 威圧的な人に引きずられる人の共通点

否定的な「暗示」を入れられる

いつも自分ばかりが「やりたくないことをやらされている」「被害を受けている」と感じる人は「脳の緊張のスイッチ」が壊れている可能性があります。

- 夫婦関係、恋愛関係でいつも相手の要求に合わせて動いてしまう
- 職場で、嫌な仕事ばかり押しつけられている上に評価されない

・兄弟姉妹で、兄や長女ばかりがひいきされているように感じる
・学校ではいつも目立たないチームに属している、またはいじめを受けてしまう

このように感じるときは、実は知らず知らずのうちに親や上司、パートナー、友人から否定的な「暗示」を入れられてしまい、「支配されている」状態です。

私は小学生の頃、先生から「みなさんでグループをつくってください」と言われるのが恐怖でした。

先生のグループ決めの合図とともに、教室がザーッと騒がしくなり、そして次の瞬間には仲良し同士の子が6人のグループをつくっていきます。

そして、いつの間にか私だけ取り残されてしまい、好きな子の方を見るとすでに6人、他の友達のところを見ても6人になっていて「自分が入るとこ

ろがない！」とパニックになってしまうのです。

涙目になっていると「この子、気持ち悪い！」と周りの子から思われているようでますます自分から入っていくことができません。

結局、先生が「誰か大嶋くんを入れてあげてくれませんか～！」と言ってくれるのですが、誰も手を挙げてくれません。

「先生はわざと僕をみじめにさせるために、こんなことを言っているんじゃないか？」と思うぐらい、「ほら！　誰かいないの！」と追いうちをかけます。

先生が「だったら、○○ちゃんのグループに入れてあげて」と言うと、そのグループの子たちが「え～！」と嫌そうな声を上げるのです。

学校は私にとって、とても残酷なところでした。

私はなぜいつも自分ばかりがいじめられるのかと悲しい気持ちでいっぱい

でした。ずっと、自分の性格が悪いせいで、周りからいじめられてしまうのではないかと思っていました。しかし、実は仲間外れになってしまう本当の理由は別のところにあったのです。

小学校で仲間外れにされたのも…

ここで人間関係に関する、ある興味深い実験をご紹介します。

子どものラットを生まれたばかりのときに親ラットから引き離し、ネグレクト（育児放棄）状態で育てると、その後、その子どものラットを同じ仲間の集団に入れても、集団になじめなくなってしまうそうなのです。

それは、ネグレクトのために「脳の中にある緊張のスイッチ」が壊れてしまい、ずっと緊張状態になってしまうから、と分析されています。

これは人間にもあてはまります。

「脳の緊張のスイッチ」が壊れて緊張しっぱなしになってしまうと、常に相手におびえて気を使って、「支配される人」になります。

緊張度が高いとみんなと打ち解けられず、常にビクビクして「自分が攻撃されないように」とか「嫌われないように」と周囲に気を使ってしまうからです。

すると、自動的に〝上下関係〟ができあがってしまい、「支配される側」と、「支配する側」が生まれるのです。「支配される側」は緊張のレベルが高いので、情報を選別することができなくなり、言葉を真に受けて「だまされる！」という被害者＝「支配される側」になってしまいます。

さらに、緊張のレベルが高くておびえているので、威圧的相手に対してめっぽう弱く、そんな相手に自己主張ができずに振り回されて支配されてしまうのです。

緊張度が高いと「支配」されてしまう

実は、**この「緊張度の高さ」は生まれた直後に決まります。**

先ほどのネグレクトされた子どものラットの脳を調べて見ると、「脳の緊張のホルモンのスイッチ」が壊れてしまっていたことが発見されました。

普通のラットだったら、緊張して緊張がある程度のレベルに達したら、「脳の緊張のスイッチ」がオフになり、それ以上「緊張のホルモン」が分泌されなくなります。そして、「緊張のホルモン」の効果が消えていき、「リラックスする〜！」となるのです。

一方、ネグレクト状態のラットの緊張のスイッチは壊れてしまっているので、緊張のスイッチがいつまでたっても切れず、「殺される〜！」とおびえ続けてしまうのです。

小学校のグループ分けのときになぜ、グループに入れなくて一人だけ取り残されてしまったのかがよくわかった気がしました。

逃げればいいのに、それができない

私自身のことを振り返ってみると、生まれたばかりの頃は父親の会社が赤字続きで、家に食べるお米がなく、母親は遠くの親戚の家を回ってお米を借りにいっていたそうです。

おばによると、母親はどうやら私をテレビの前に置いたまま出かけていって、おばが仕事から帰ってきたら、テレビが砂嵐状態（以前は番組が終了してしまうとザーッと画面がちりちりの砂嵐みたいになっていた）で、その前で私がワンワン泣いていた、ということでした。

母親に抱きしめてほしいときに抱きしめてもらえなかった。

そのため、私の「脳の緊張のスイッチ」が壊れてしまい、幼少期から〝支配されてしまう人〟がつくり出されてしまったのかもしれません。

脳の緊張のスイッチが壊れてしまっていると、おびえが消えなくて、他の人にうまく近づけません。

緊張のスイッチが壊れておびえているので、いつも人の気持ちを考えて相手に気を使って相手に支配されてしまいます。

この緊張のスイッチが壊れてしまった人たちは、普段から緊張が高いのです。

問題なのは、「不快！」というストレス刺激が加わったときに、本来だったら緊張のホルモンが上がって「逃げなきゃ！」とか「戦わなければ！」という場面で、逆に緊張のホルモンが下がって頭が真っ白になって、固まって動けなくなってしまうことです。

普通の人は威圧的な人を見たときに、警戒して緊張して「逃げる！」か「戦う！」ということで自分を守ることができます。

一方、緊張のスイッチが壊れてしまった人は、危ない人が近くに来ると逆に固まって動けなくなり、相手にいいように利用されてしまう可能性が高くなります。

支配されてしまうのは、「そんなの気持ちの持ちよう！」とか「あんたの意志が強くないから！」といった問題ではありません。

自分も覚えていないような乳児期に、なんらかの原因で緊張のスイッチが壊れてしまって、必然的に「支配される側」になってしまっただけなのです。

5

相手の気持ちをキャッチする「感度」を落とす

人のちょっとした表情を見逃せない

私が大学生だったときのこと。学校の中庭で、周囲を見ずに真下を向いたまま歩くひとりの男性が目の前を通り過ぎていきました。その男性は私が授業を受けている心理学の教授でした。

どうして教授はこんなに下を向いて歩いているのだろう？そのナゾは間もなく教授自らの口から解かれました。

「私は人と目を合わせると、人の感情が伝わってきてしまうから、下を向いて歩いているんです」

あれから何十年もたった今でも、クライアントさんに「私は人の表情を気にしすぎてしまうんです」と相談されるたびに、あの教授の発言を思い出します。

私のカウンセリングルームには、周りの人の表情や行動を過敏に受け取ってしまい、人間関係に悩む方が多く来所されます。

先ほどの心理学の教授も、今考えてみると私のクライアントさんたちと同じように「人の感情を想像してその感情に振り回されてしまう人」だったのかもしれません。

「相手の顔色をうかがってしまう」とか「相手の感情がよくわかってしまう」のはなぜなのでしょうか。

子どもの頃から両親の顔色をうかがっていた

ある女性が**「仕事中に、ちょっとした表情で相手の気持ちがわかってしまい、仕事ができなくなっちゃうんです！」**と相談に来られました。

その女性は、小さいころから人の表情を気にする子で、いつも母親や父親の顔色をうかがいながら生活してきたそうです。

そのため、人のちょっとした表情で相手の気持ちがわかってしまい、それで「あの人、私に怒っている！」と固まって自分の意見が言えなくなって、思うように仕事ができなくなる、という訴えでした。

一般の人がこの話を聞くと「自意識過剰なんじゃない？」と思うことでしょう。

自意識過剰とは、自分の外見や言動を人からどう思われるのかを意識しすぎてしまっている、ということです。

もし友だちに相談したとしても、「人は他人のことなんか、そこまで気にしてないよ」と終わらせてしまいます。

精神科だったら「それは『関係妄想』でしょう！」となります。

「関係妄想」とは、相手のちょっとしたしぐさなどを自分へのメッセージと勝手に関連づけてしまう症状で、「あ！　今、あの人が鼻を人差し指で触ったから、私のことが好きなんだ！」とか、「私の前で瞬きをしたから、私のことを思ってくれているんだ！」と思ってしまう症状のことです。その女性の「子どものころから両親の顔色をうかがっていた」という話から、関係妄想ではないのでは?という気がしていました。

「やっぱり馬鹿にされている」が現実化

女性は仕事をしているときに、自分が説明をしている途中でお客さんが視線をそらすと、「このお客さんは私のことを馬鹿にしているかも？」と、わかってしまうとのことでした。

すると「若くて知識もろくにないのにいい加減なことを言ってる！」と思われているのがわかってしまい、そんなお客さんの気持ちを考えると、説明がしどろもどろになってしまいます。

するとお客さんから「あなた、ちゃんと勉強してから来てよね！　こっちだってあなたみたいな人のためにムダにする時間はないんだから！」と怒られます。

やっぱり「馬鹿にされている」と思ったのは正解だった、ということになるのです。

先輩がお客さんと接しているときは、そんなことをちっとも気にしないから、変なお客さんでも、いつの間にか先輩のペースで仕事をスムーズに進めることができます。

でも、その女性の場合、常に相手の気持ちがわかってしまうので、相手の怒りを感じたり、相手の自信の無さに同情したりしていると、どうしても相手のペースになってしまって、思うように仕事を進めることができません。

実はこれは、この女性の思いこみではなくて、**女性の脳のネットワークの感度が良くて、相手の感覚が相手に注目したときに伝わってきてしまう**ために起きる現象なのです。

相手の感情が入ってこなければ大丈夫

先に、脳の緊張のスイッチが壊れてしまうと、緊張する必要がない場面でも緊張し続けてしまう、ということを説明しました。
脳が過剰に緊張してしまうことで、脳のネットワークの感度の調節ができなくなり、周囲の人の感覚を片っ端から拾ってしまって、その感覚に振り回されてしまうのです。

その女性の場合、満員電車に乗るのが嫌で会社に遅刻をしてしまいます。電車に乗ると、その車内にいる人の悪意とか不安、緊張、恐怖が伝わってきて、しんどくなってしまうからです。不安や緊張、恐怖などの感情を持っている人たちが乗っている電車に乗ることを考えるだけでも気分が重くなり、朝起きるのが億劫になり、だらだらして会社に遅刻してしまいます。

脳のネットワークの感度が良すぎて他人の感情が入ってきやすかった彼女ですが、ある「暗示」を唱えることで、脳のネットワークの感度が緩和され、周囲の感覚をやたらめったら拾わなくなりました。

以前だったら、目の前の人の感情がすぐに伝わってきていたのに、それがなくなって、自分の思っていることをストレートに相手に伝えられるようになったのです。

その暗示とはどういうものなのでしょうか。

6 「本音」でいくと立場が逆転する！

下手に出ていても、いずれ関係が壊れるだけ

いつも人の気持ちばかり考えていると、自分の本音が言えなくなってきます。

遠慮してるから本音で話さないのに、周りからも「何を考えているかわからないヤツ」とレッテルを貼られ、いつの間にか雑用を押しつけられるように。

気がついたら、自分の本音が自分自身でさえよくわからなくなってしまうこともあります。

ある男性が職場の上司との関係で悩んでいました。上司からは「仕事が遅い！」と注意されるのですが、本当は上司から頼まれる雑用に時間が取られるために、仕事が遅れてしまうのでした。

以前の職場でも同じように上司から雑用を押しつけられて、上司に対してキレてしまい、関係が悪くなって転職することになりました。

このまま上司に気を遣って我慢していると、また同じように怒りが爆発して関係を打ち壊してしまう。

かといって、断っても上司に嫌われてしまいそうでこわい。

そんなときに男性は「本音モード！」と出合いました。

自分がイラッとしたときやオドオドしたときに、「本音モード！」と心の中で叫べば、自分の本音が出てきて、状況が一変する、というテクニックです。

雑用を押しつけてくる上司にどう言う？

上司から「君、この資料をまとめておいてくれるかな」と言われたときに、「本音モード！」と頭の中で叫んでみると、**「この仕事が優先なので、別の人に頼んでください」**と、考えてもいないのに口から出てきました。

上司は食い下がってくるかも？と思っていたら「おー、そうか」とあっさり引き下がって、なんと上司は自分で仕事をやり始めたのです。

「本音でいいんだ！」とちょっと感動した男性。

そして、上司がイライラしているときに「君！　いつまでその仕事をやっているんだね！」と言われたときも、頭が真っ白になってしまったので「本音モード！」と唱えてみる。すると「スケジュールよりも早く進んでいますが？」と冷静に返してしまいました。

頭の中でグルグル考えていても言えなかったことが、自然と上司との関係に角が立つことなく、本音が言えてしまうようになったのです。

そして、それまで上司から「いつまでたっても一人前の仕事ができない」と言われていたのに、「本音モード！」を使うようになったら、「最近、君の仕事ぶりはいいね〜！」と言われたのです。

まったく同じ仕事のしかたをしているのに、本音を使うか使わないかで評価がまったく変わってきました。

「本音モード！」で思い通り動けるように

先ほどお話ししたように、アリや人間が集団になると必ず「2・6・2」の階層が自動的につくられてしまいます。

2割がバリバリ仕事ができる人で、6割が仕事をしているフリをする人。そして、その下の2割がみんなのストレスを背負って仕事ができなくなります。

みんなのストレスを「下の2割」が背負って軽くしてあげているから、「上の2割」はバリバリ仕事ができるのに、

人に気を使って本音を言えないときは
君は仕事が遅いなぁ
しゅん
本音モード
と、となえて
お
予定より仕事が早く進んでます!

「本音モード!」で冷静に言い返せる

誰もそんな構造には気がつかず、感謝もされません。

感謝されるどころかストレスのはけ口になっているので、蔑まれていじめられてしまうこともあります。

でも、それは脳のネットワークで起こっているだけで、目に見えないことなので、「みんなにいじめられている」「差別されている」などと人に話すと、「それはあなたの被害妄想」と言われてしまうのです。

「人に気を使って本音を言えない」というのは、下の2割の階層にいる証拠で、みんなの脳につながってストレスを流しこまれているので、自動的に気を使って自分だけストレスをためこんでしまいます。

「本音モード！」を使えば、簡単にこの下の2割から脱出することができて、上の階層に上がっていけます。

人の気持ちを考えそうになったら「本音モード！」と唱える。さらに相手に苛立ちを感じても「本音モード！」と唱えてしまえば、ストレスを流しこまれなくなるため、自由に動いていけます。

そして、いつの間にか自分が気を使われる側になっていて、思い通りに動けるようになるのです。


相手に本音を伝えなくても、下の階層から上に上がる方法に「浮き輪モード！」と頭の中で叫ぶテクニックがあります。

これは、頭の中で「浮き輪モード！」と叫ぶことで、トップ2割から流されてきたストレスから逃げることができるテクニックです。

下の階層から一気に上の階層に浮いていき、不快感のない世界を体験することができます。


みじめで、蔑まれている感じがする！と思ったときに「浮き輪モード！」と頭の中で叫んでみると別に本音を言わなくても、上の階層に上がっていって、自分の思い通りに動けるようになるのです。

「浮き輪モード！」でドロドロした下の階層から、青空が広がる自由な世界へと飛び出していけます。ぜひ「浮き輪モード！」も試してみてください。

第3章

「ダメな自分」幻想から抜け出す

①

劣等感があると振り回される

誰にでもいいように利用されてしまう…

「私は人から振り回されてしまう」とか「私は人からいいように利用されてしまう」と思ったら、それが暗示となって実際に人から振り回されたり、利用されたりしてしまう。

この暗示は「自分の頭で考えてしまうこと！」と普通の人は思っているのですが、実際には、脳のネットワークを通じて、「周囲の人の思考」が〝人れられている暗示〟だったりするわけです。

支配する人（振り回す人）が、「この人は他人に振り回されやすい！」と思った瞬間にそれが脳のネットワークで伝わってきて、「私はこの人に振り回されちゃう〜！」と自己暗示に変換される。その結果、暗示にかかって相手に振り回されるようなことを言ってしまったり、行動してしまうのです。

もっとストレートに言ってしまえば、**「自分に対する否定的な考えはすべて他人の脳から伝わってくる否定的な暗示！」**ととらえてしまえば間違いありません。

そのように割り切って、否定的な考えをすべて排除してしまえば、自分らしさを取り戻し自由になることができます。

家の片付けのことを想像してみてください。

「これはいるもの？　いらないもの？」と吟味して判別していると、なかなか片付けが終わりませんね。

いっそのこと「すべていらないもの！」にしてしまったほうが簡単にきれいでスッキリできます。このように、自分に対する否定的なメッセージがわいてきたら、「脳のネットワークから暗示を入れられている！」と、否定的な思考はすべて〝自分のオリジナル〟ではなくて、〝他人からの暗示〟と考えてしまいましょう。

そして暗示は支配する人たちにとって都合のいい状態をつくり出すもの。その逆の暗示を自分にかけてしまえば、〝支配されない自分〟が簡単にできあがるのです。

ベテラン社員に逆の暗示を入れる

そんな説明を「会社のベテラン社員にいいように振り回されてしまう」という悩みを持った女性にしたことがありました。

その女性に、ベテラン社員と一緒にいるときに「いつも私ばっかり嫌な仕事を押しつけられる！」と思ったら、「これは脳のネットワークだ！」と意識してもらい、その「逆の暗示」を自分に入れるようにしてもらいました。

心の中で**「意外と私って楽な仕事が回ってくるよね～！」**と唱えるのです。

すると、ベテラン社員か

「断定」や「決めつけ」はすべて他人からの暗示
私は疲れやすい
私は人の顔色をうかがってばかりいる
私は嫌われてる
私はいつもなめられてる
意外とで暗示を中和する
意外と私って元気
意外と私はー
意外と私は好かれてる
なんだか体がとても軽い！

「意外と」を使うと自由に動けるようになる

らのイライラ感をさっきまでビリビリ感じていたのに、感じなくなりました。さらに、いつもつっけんどんだったベテラン社員がフレンドリーに話しかけてくるようになったのです。

話をしているときに「今、ちょっとなれなれしくしすぎて、ベテラン社員から嫌われたかも！」と不安になります。

そんなときも女性は「これも脳のネットワーク！」と思って「意外と、私って人懐っこいのよね！」と自己暗示をかけてみます。

すると、先ほどちょっとイラッとした表情を見せたベテラン社員が笑ったのです。

女性はこの自己暗示を繰り返していると、いつの間にか〝お局様〟と心の中で相手のことを呼ぶのをやめていて、「〇〇さん」と名前で呼ぶようになっている自分に気づきました。

「あー！　もう支配されなくなったんだ〜！」と嬉しくなったそうです。

「いつも私ばっかり」から解放される

脳のネットワークを通じた他者からの暗示の特徴は、〃断定〃や〃決めつけ〃です。

「私は○○が苦手だ！」とか**「周りの人の会話についていけない！」**は**〃断定〃や〃決めつけ〃が入っています。**

この他者からの暗示を中和するために〃断定〃と逆の言葉を使うと、暗示から自由になれます。

そこで、その女性は**「意外と」**という言葉を使って暗示を中和して、支配の呪縛から自由になっていきました。

「私って、疲れやすいのよね！」と思ったときに、「あ！　この思考って〝断定〟だから脳のネットワークだ！」と気づき、「意外と私って元気よね！」と頭の中で暗示を中和すると、さっきまでだるくてしかたなかったのが、みるみる元気になっていきます。

「疲れやすいからジムに行くことができない！」と思っていたのに、暗示が解けると自動的にジムの方向に足が向いていきます。そして、何も考えずに運動して頭がすっきりして帰ってみると、だるさはまったくなく、心地いい疲れを感じているのです。

「自分には時間がない！」と思って、いつも忙しく動き回っていたのに、「意外と時間ってあるのよね～！」と暗示を中和すると、目の前に何も予定が入っていない時間がある。「本当に時間があった！」とビックリ。

「この時間で好きなことができるかもしれない！」と思ったら嬉しくなってきます。

暗示を中和してそこから抜け出してみると、暗示に縛られていたときはものすごく不自由だったんだな！ということに気づきます。

「いつも人のことばかり考えて、頭に浮かんでくる不安や怒りに振り回されていました。それが脳のネットワークを通じて他者から流されてくる暗示なんだ、と考えるだけで、これだけ自由になれるんですね！」

と女性が笑顔で話してくれました。

② 容姿に自信が持てない本当の理由

「みんなが私をブスだと思っている!」

ある容姿端麗な女性が「みんなが私のことをブスだって言うんです!」と言って来所されました。

女性は「会う人、会う人のほとんどがこの人の顔って変!と思っているのが伝わってくるんです」と教えてくれました。

実際に面と向かって言われることもあると言います。

「あなたの顔って特徴的であまり男受けしないよね!」と女友だちからも言

われて、自信がまったく持てず、男性とお付き合いすることもできないそうです。

女性は「街を歩いていても、自分の顔は特徴的だから、みんなが変な顔をして、そして振り返ってまで私のことを見るんです！」と訴えます。

「ブスだからって、そんなことをしなくてもいいのに！」と怒っていました。

たぶん、一般の人に女性がこの話をしてしまったら、「なにこの子！　嫌味ったらしいわ〜！」と思われることでしょう。

自分のことをカワイイと自覚してるくせに、「そんなことない、あなたはかわいいわよ〜！」と言ってほしいからこんなことを言っているんだ、と判断されてしまいます。

一般的な精神科だったら「自分が醜く思えてしまう」という不思議な病である〝身体醜形障害〟と診断されてしまうことでしょう。

でも、私の中ではまったく違う話が浮かんでいました。

以前、すごく痩せていてモデル体型の女性が「私、太っているんです」と真面目な顔をして言っていたことがありました。

「どこが？」と聞きたくなったのですが、よくよく話を聞いてみると、比較的ぽっちゃりしている友だちと会話をしていると、「太っていて醜い」という気持ちになって食欲がなくなってしまう、ということだったのです。

その話を聞いたときに、「脳のネットワーク」の話を思い出しました。

自信がない人の特徴

振り回されてしまう人は、「自分が悪い」「自分が劣っている」と自分のことを低くとらえがちです。

一般的に、人は「私は平均よりも上」というふうに思っているので、いつも劣等感を抱くわけではありません。

一方、振り回されるタイプの人は、「私は平均より上」という感覚が根づいていないために、基本的に劣等感が強く、価値判断を人や状況に委ねてしまうので、あるときは「自分は天才！」、あるときは「自分は無能なのでは？」と思ってしまいます。

実は、人に接したときに「自分はダメだ！」と思ってしまうのは、自分の能力が劣っているからではありません。

それは、相手の中にある「相手の自己否定感」を「脳のネットワーク」で受け取ってしまうからです。つまり、誰かと接触したときに、**相手の脳内にある「自信のなさ」の「自己否定感」を勝手に脳で受け取って、自分のものと勘違いするから**です。

現実認識がゆがんでしまう

モデル体型の女性の場合でいうと、まずモデル体型の女性のそばに、女友だちが座ったときに、女友だちの劣等感が刺激されて、その脳の中に「私はこの子よりも太っていて醜い」という思いが浮かびあがります。

それが脳のネットワークを通じてモデル体型の女性の脳に伝わってしまって（女友だちの脳の動きをまねしてしまって）、「相手が相手自身を太っていると思っている」という感じに受け取らずに、自分へのダメ出しとして受け取ってしまうということなのです。

そして、「私は太っていて醜いと思われている」という感覚になってしまいます。

実際に、モデル体型の女性と同じぐらいの体型の友だちと会ったときと比較してもらったら、「全然感覚が違った〜！」と喜んでいました。

相手の劣等感を刺激すると、相手の中の自己否定感が活性化されて、それが脳のネットワークを通じて伝わって「私は醜い」となっていたのです。

母親に植えつけられたコンプレックス

モデル体型の女性の場合と同じように、先ほどの容姿端麗な女性が「私はブス」と感じてしまうのも同じ仕組みが働いているのだと考えられました。

ですが、もっと深刻な問題が隠れているような気がして、「もしかしたら、お母様の容姿はそれほど端麗ではない？」と質問をしてみました。

すると、それまでうつむき加減だった女性の顔が明るくなって、「そうなんです。母の兄弟は母よりも容姿が整っていたので、母はすごく容姿のコンプレックスがあるんです！」と話してくれたのです。

そのとき、女性は気がつきました。

「だからお母さんは私に『気持ち悪い顔！』とか『目がおかしい！』とか『変な眉毛をしている』なんてことを言っていたんですね！」と。

女性は母親からの嫉妬で容姿のことを悪く言われて、さらに母親の感覚である「自分は醜い、ブス」が脳のネットワークで伝わってしまっていたのです。

女性が街を歩いていて悪口を言われたように思ったのも、容姿端麗な女性を見た周りの人の劣等感が刺激されて、脳のネットワークでそれが女性の脳に伝わったときに、嫉妬した母親の悪口が頭に響いてしまっていたから。

そしてよけいに「私はブスと思われている」という感覚が強化されてしまっていた、と考えられました。

実際に、女性の母親から受けていた心の傷を治療したら、「ブス」という感覚は消えてしまいました。そして、街を歩いていて振り返られても気にならなくなったのです。

自己否定感は、自分のものではなくて、劣等感を刺激された他人から伝わってくるもの、と考えるとおもしろいですね。

また、自己否定感は克服しようと努力すればするほど、相手の劣等感を刺激してしまい、かえって自己否定感は強くなるので要注意を。

3

他人の劣等感に頭を支配されているだけ

夜な夜な一人反省会…

「ダメな自分」のイメージは相手の中にある、「相手の自己イメージ」。それを勝手にまねて自分のイメージとしてしまうことで、「ダメな自分」の幻想が簡単にできあがってしまいます。

「自分はなんて、ダメなんだ！」と日々反省してダメ出しをする。家に帰るとその日の失言や失敗などが頭の中でグルグルしてしまって、「相手を不快にさせたかも？」とか「嫌われたかも？」などと気になって眠れなくなってしまう。

また、相手からの何気ないひと言が気になって、「なんであんなことをあの人は言ったんだろう？」と考えて怒りでいっぱいになって眠れなくなる。考えれば考えるほど、ダメな自分をさらに否定された感じになり、みじめになる……。

このことは、「自分一人でやっている」と思いがちですが、実際は脳のネットワークで注目した相手と、離れていても脳内でコミュニケーションを取り合っているから起きる現象なのです。

「だったら、相手は本当に私のことを頭の中で責めているから、私の脳にそれが伝わって責められている感覚になっちゃうんじゃないの？」と不安になるかもしれません。

でも、実際は相手が責めているからみじめな気持ちになるのではなく、相

手の劣等感やみじめな気持ちが脳のネットワークで伝わってきて、それを勝手に自分の気持ちに変換してしまうから、みじめな気持ちになるのです。

脳のネットワークを通じて相手のさまざまな感覚が伝わってきているのですが、相手から伝わってきた感覚を「自分の感覚」にしてしまうとおかしなことになります。

「他人の感覚」を「自分の感覚」にしてしまうことで本来の自分の感覚で生きられなくなって「ダメな自分！」と思いこんでしまうのです。

「変わる努力」は必要ない

「ダメな自分」と思ってしまうのは、脳のネットワークで伝わってきた周囲の感覚を自分の感覚として受け取ってしまったときに、自分じゃないものがくっついて不恰好になってしまった姿です。
だから、それはただの幻想で本来の自分の姿ではないのです。

でも『ダメな自分』は幻想であって本来の自分じゃない！」というのはなかなか理解できないものです。脳のネットワークを通じて他人の感覚がいつの間にか伝わってきて、自分の感覚と勘違いしているなんて、にわかに信じられません。

だから、みんな「ダメな自分を変えなければ！」と努力してしまいます。

けれども、「ダメな自分が変わらなければ！」と努力すればするほど、よけいに周囲の劣等感を刺激することになるので、その周囲の劣等感や妬みが脳のネットワークで流れてきて、「自分は劣等感の塊だ！」という幻想がつくり上げられてしまいます。

その劣等感から抜け出そうと葛藤すればするほど、幻想の深みにはまって

しまうのです。

それが本当に自分の劣等感だったら、努力して克服することもでき、なんらかの変化も得られますが、他人から伝わってくる劣等感は、自分で努力して改善することができません。そしていつまで経っても、劣等感は解消されないのです。

逆にいくら努力しても解消できなかった劣等感は、相手側の劣等感が解消されたときに、不思議といつの間にか消えてしまっていたりするのです。

4

自分の周りに防護壁をつくる魔法の言葉

「私は私、人は人」と思えていますか？

とても容姿に恵まれているのに、「人と比べてダメだ」と思ってしまったり、とても優秀なのに、勝手に相手の視点に立って「〇〇さんは僕のことをダメだと思っている」などと考え、まったく自信を持てない人がいます。

そういった人によくあるのが、「自分と他人の間にある適切な壁の問題」です。

自分が自分であるために「私は私、相手は相手」という適切な壁が人には必要です。

この壁がないと、人の感覚が次から次へと流れこんできてしまいます。

そして、自分の視点ではなくて他人の視線で物を見て、相手の感覚を勝手に感じ、それで物事を判断してしまうのです。

だから**「○○さんから見たら僕なんてダメだ！」**と、相手の目線で自分を低く評価してしまいます。

壁が低いと、**「○○さんと比べて私なんかかわいくない！」**と他者の視点から比較して卑下してしまうのです。

学生時代に私は「どうして自分は人の中でこんなに自信がなくて、落ち着いていられないのだろうか？」と悩んでいました。

いつも「あの人は私のことをどう思っているのだろう？」とか「この人は

私のことを馬鹿にしている！」など常に他人の気持ちばかり考えてしまう。そして「馬鹿にされたくない！」と思っているためか、相手によけいなひと言を言ってしまい、さらに馬鹿にされていました。

そんなことをやっちゃだめだ！　言っちゃだめだ！と思っているのに、相手の気持ちを考えていると、いてもたってもいられなくなってしまいます。

他人の視点で物事を見るクセ

前にもお話しした通り、私は幼い頃に母親が夜遅く帰るまで「砂嵐のテレビ画面の前で泣いていた」とおばから聞いたことがありました。

この話を聞いたとき、すでに心理学を勉強していたので、「自分の自信のなさの原因はここだったんだ！」と妙に腑に落ちて、ラクになった覚えがあります。

「他人と自分の適切な壁」は赤ちゃんのときに、母親から抱きしめられたときにつくられます。母親から優しく温かく抱きしめられたとき、その温もりの安心感から「私は私のままでいいんだ！」と思い、自分と他人の間に適切な境界線を引くことができるようになるのです。

なんらかの理由によって、赤ちゃんが抱きしめてほしいときに抱きしめてもらえず、母親からその安心感が得られなかった場合、いつも「私のままで大丈夫だろうか？」という不安を感じ、母親の目線で自分を確認したくなります。

いつも不安だから、母親に〝憑依〟して母親の気持ちになって、安心感を得ようとするのです。

すると、それがクセになり、常に他人の視点で物事を見て判断するようになって、「自分と他人の間の適切な壁」が形成されなくなってしまいます。

不安を感じたら、いつも相手に〝憑依〟して、他人の目線から自分を確認して、「やっぱり自分はダメだ！」と自分にダメ出しをするようになってしまうので、自信が持てなくなるのです。

この「人と自分の間の壁が低い人」の特徴は、たとえ人から褒められても、それを素直に受け取れず、最低な評価をする人を探して、その評価が〝現実〟だと思ってしまうということです。

他人との間の壁が適切な高さだったら、他人から何を言われても「私は私」と思うことができ、否定的な評価を壁で防御することができます。

でも、壁が低い人は、周囲からの自己否定的な感覚（汚物）がいつも流れこんでいる状態のため、「この汚物まみれの状態が現実」となって、低い評価こそが「本当の自分の評価」と思いこんでしまうのです。

実際は、自分を守る壁が低いために、他人の劣等感や自己否定感が流れこんで来ているだけなのに、「汚物＝自分」と思ってしまいます。

「自我防壁！」と唱えると静けさが訪れる

幼少期に自分を守る壁が適切に形成できなかったために、人の不快感が流れこんできてしまう。そして、その不快感は「自分に向けられたもの」と勘違いして、「自分はダメだ〜！」とますます自己否定感が強くなります。

この場合、自分を守る壁を形成する「自己暗示」の言葉を使えば、不思議と自信に満ちていきます。

その暗示の言葉は、そのものズバリ**「自我防壁！」**。

人のことが気になったら、唱えて自己暗示をかけてみます（「自我防壁」はあくまでも自分と他人の間に適切な壁をつくる暗示のためにデザインされた言葉です）。

「自我防壁!」で心の雑音がなくなる

嫌な気持ちになったら、「壁が低いから、他人の不快感が流れてきている!」と考え、「自我防壁!」と心の中で唱えるだけでいいのです。

自分を責める言葉が頭の中に響いてきたら、「自我防壁!」と唱えてみると、まるで頭の中に壁ができたみたいにシーンと静かになっていきます。

頭の中があんなに騒がしくて、不安でワチャワチャしていたのに、「自我防壁!」と唱えると、相手と自分の間に壁が自然とできあがり、静けさが訪れます。

それを続けているうちに、**他人と自分の間に適切な壁ができあがるようになり、壁の中にはそれまでなかった自信で満たされていくようになります。**

こうして人間関係がラクになる

暗示を知る前は、自分の周りにはなぜか嫌な人ばかり寄ってきて、自分はそんな相手に対しても礼儀正しく、ちゃんと接しているにもかかわらず、かえって横暴な態度をとられて嫌な思いばかりしてきました。

嫌な人の中には「もしかしたら自分が悪いかも」とか「相手を傷つけたらかわいそう」なんていっさい思わないような人、つまり自分のことにしか関心のない、「良心をもたない人」もいました。

以前の私は、「なんでこの人は、私にこんなことをするんだろう？」と考えてばかりいたので、自分と相手との境界線がなくなってしまい、そのせいで、「良心を持たない人」がずけずけと心の中に入ってきて、気持ちを踏みにじられることがよくありました。

しかし、ここで紹介しているような技術を活用すれば、次第に自分の人間関係が変わってくることに気づきました。

相手の気持ちを考えそうになったら「自我防壁！」を唱えるようにすると、だんだん自分と他人との間に壁ができて、適切な境界線が引けるようになっていきました。

「壁ができると孤独感にさいなまれてしまうのでは？」という不安がわいてきますが、それが脳のネットワークを通じて、良心を持たない人から流されてくる罠だったりするのです。

壁をつくられてしまうと、侵入して搾取することができなくなるため、それを阻止しようと「壁をつくったり境界線を引いたりしたら孤独になるよ〜！」と暗示を入れてきている可能性があります。

相手の気持ちを考えそうになったときに「自我防壁！」と唱えていると、自然と自信が満ちてきます。すると、良心を持たない人が自分から離れていくのです。

やがて、良心を持たない人が自分に近づいてこなくなっているのを見たら、この心の壁がとても大切に思えてきました。

5

「これって本当に私のせい？」と心に聞く

思考がいつも邪魔をする

自分の頭の中をのぞいてみると「あれもできていないし、これもやっていない」。そして「あの人のことがムカつくし、あの人に悪いことをやってしまったのかも？」などと不安や怒り、そしてあせりなどの感覚が次から次へと浮かんできてしまう。

でも、これらはすべて自分と他人との間の壁が低いために流れこんでくる「他人の不快な感覚」だったりします。

人は生まれながらにして脳のネットワークにつながっているため、「脳のネットワークで他人から流れてきている感覚」と「本当に自分が感じている感覚」を区別するのは困難で、〝本当の私〟を取り戻すのはとても難しいのです。

そのため、昔の賢者は人と一切接触しないように山や砂漠にこもって修行をして本来の自分に戻ろうとしていました。

でも、簡単に本来の自分に戻る魔法の言葉があります。

それが「心よ！」です。

「今、お腹が空いていますか？」と質問をされたときに、頭に「ハイ！　空いています！」とか「いいえ！　空いていません！」などがその瞬間に頭に浮かびます。

それが〝思考〟です。

この〝思考〟は本当に自分のものなのか？それとももとなりの人の脳のネットワークから流れてくるものなのかの区別がつけられません。そこで「心よ！」と質問の前にタグをつけてみると、その区別がつけられるようになります（タグ＝宛先の目印みたいなもの）。

「心よ！　私のことを助けてくれますか？」と、自分の中の本当の自分にたずねてみます。すると「もちろん助けます！」と答えが返ってきたり、「いつも、助けてますよ！」などの優しい言葉が返ってきます。

それが〝心〟であり、脳のネットワークの干渉がない〝本来の自分〟の答えなのです。

真実は〝心〟が知っている

もし「心よ！　私のことを助けてくれますか？」と質問して「あれ？　何も返ってこない？」というときは、脳のネットワークが干渉している場合があります。

そのときは「心よ！　私と心の間に邪魔がありますか？」とたずねてみてください。

「ある！」と答えたり、無言の場合は、「誰か邪魔していますか？」と聞いてみます。その瞬間に浮かんだ人が本来の自分とのつながりを脳のネットワークで干渉している人物です。

「心よ！　○○さんからの邪魔を排除してください！　そして排除できたら

教えてください！」とお願いしてみます。

「できた！」とか「ＯＫ！」と返ってきたら、もう一度「心よ！　私と心の間に邪魔がありますか？」とたずねてみます。

そして、「もうないよ！」という答えが返ってくるまで、この邪魔を排除するプロセスを繰り返します。

邪魔がなくなったら、本来の自分（心）にいろんな質問をすることができます。

心にはなんでも質問できます。

だから「心よ！　私は今どんな状態？」と漠然と聞いてみます。すると〝心〟は「けっこういい状態！」と答えてくれたりします。

「え〜！　全然良くないよ〜」と頭で思ってしまったなら、「心よ！　本当？」と聞いてみます。すると〝心〟は「いつも、けっこうがんばってるよ！」と軽く返してくれるのです。それが返ってきたときにちょっと目がうるみました。

不安が襲ってきたら「心よ！」

あるとき、インターネットを見ていたら突然不安感が襲ってきました。「この先、自分はこの仕事を続けていけるのだろうか？」とか、「自分はこの先、誰からも相手にされなくなってしまうのでは？」などの考えが止まらなくなり、ものすごく不安になります。そこで〝心〟に聞いてみました。

「心よ！　今、襲ってきた不安って何なの？」

すると〝心〟は**「それはあなたの感覚じゃなくて『入れられてる』感覚だよ！」**と教えてくれます。

「え？　心よ！　誰が入れているの？」と聞いてみると、〝心〟は「お母さんが入れてる！」と教えてくれたのです。

母親とは全然連絡も取っていないので、「なぜ今、母親なの？」と疑問に思いました。でも、小さい頃から母親に、「お前はだらしがない」とか「何をやっても長続きしない！」と言われ続け、実際に何もできなかったみじめな幼少時代のことを思い出しました。

「もしかしたら、遠く離れた母親が私に対してよけいな心配をして、それが脳のネットワークを通じて入ってきているのかも？」と思って心に質問をしてみます。

「心よ！　お母さんがどんな感覚を入れているの？」と聞くと、〝心〟は「『いつまでも私が面倒をみていないとダメな子』と入れてる！」と教えてくれました。

この最低な人間だという感覚は、脳のネットワークを通じて遠く離れた母親から入れられている感覚なんだ！とわかりました。

そこで「心よ！　だったらこの母親からの感覚に対してどうすればいいの？」と聞いてみます。すると〝心〟は**「あなたの感覚じゃなくて、お母さんがやってきた！と無視すればいい」**と教えてくれます。

「心よ！　無視しようとしたら、母親をないがしろにしている罪悪感がわくんですけど！」と聞いてみると、〝心〟は「その罪悪感こそお母さんから入れられてる感覚だから、無視しても大丈夫だよ！」と教えてくれます。

実際に、あのみじめになる不安感を母親からのものとして無視すると、「あれ？　これって本当にいらない感覚だったんだ！」と心が軽くなって、身体に一本芯が通った感じになりました。

ふらふらしていた気持ちがまっすぐになって、いらないものを捨て去ったときの爽快感を感じていました。〝心〟の教えてくれることは本当に不思議なのです。

「それはあなたの感覚じゃない」と教えてくれる

友だちと電車に乗っていたとき、窓ガラスに映った自分がものすごくブサイクで醜い存在のように感じてしまったことがありました。

さらに腹が出ていて「太っていて醜い」と死にたい気分になり、パニックになってしまいました。そんなに急にはやせられないし、「死ぬしかない！」という感覚になってしまう。

そんなときに〝心〟に聞いてみました。

「心よ！　この〝醜い〟っていう感覚は私の感覚ですか？」と恐る恐る質問すると、〝心〟は「違います！」とキッパリと言います。

「本当？　私が頭の中で勝手につくっているってこと？」と思ったので、

「心よ！　では誰の感覚ですか？」とたずねてみました。

すると〝心〟は「あなたのとなりにいる友だちの感覚ですよ！」と教えてくれました。

「心よ！　友達の感覚が伝わってきているだけなの？」と聞いてみると、

「そうです！」と言われました。


念のため、その友だちに「お前さー、最近、自分の体型のこと気にしている？」と聞いてみました。

その瞬間、相手は怪訝な顔をして「そんなことないよ！　なに変なこと言ってんの？」と言った瞬間、友だちの目線が右上を向いています。

「あれ！　右上を見るってことはウソついてるってことだ！」と思い（人はウソをつくと右上を向く習性があります）、さらに聞いてみると、やはり最近体重が増えてきたのを気にして、筋トレを始めていたところとのことでした。

心ってすごい！と驚きました。不快な感覚は、本当に自分のものではなかったのです。

6 パートナーの浮気。実はどうでもいいこと？

その怒りは姑のものだった!?

あるとき、女性が「夫から浮気を告白をされた」と相談に来られました。

夫の告白を聞いた瞬間、女性は頭が真っ白になり、ものすごい怒りがわき起こり、涙があふれ出て、「裏切った夫を懲らしめてやりたい！」という衝動がわいてきたそうです。

そんなときに女性は「心よ！　この夫に対する怒りの感覚って私の？」と聞いてみました。

すると〝心〟は「違うよ！　姑から入れられているもの！」と返してきます。

「え？　姑に入れられているの？」と聞いたら、すこし気持ちが悪くなってきて、さっきまでの怒りがスーッとトーンダウンしてしまいました。

「心よ！　姑が私にどんな感覚を入れているっていうの？」と〝心〟に聞いてみると、〝心〟は「女性として足りないあなたに、この子の面倒をみることはできない」と入れられて怒らされている、と教えてくれました。

「だったら心よ！　私は夫の浮気に対して何を感じているの？」と聞いてみます。

すると「何にも感じていない」と答えます。「え？　心よ！　浮気をされても私は何も感じていないの？」と聞くと、〝心〟は**「あなたの心はいつも〝凪《なぎ》〟だから」**と答えてくれたのです。

女性は「たしかに私は夫の浮気に対して何も感じていないな！」と妙に納得してしまいました。

そして、妻から殴られるかもしれないとビクビクしている夫を無視して、女性は普通の生活に戻っていきました。

夫が空気のように気にならないのが不思議でしたが、目の前にある自分がしたいことに集中できている感覚が妙に心地よかった、と笑顔で話してくれました。

それから浮気していた旦那さんは、子どもの面倒を見るようになり、家事の手伝いもするようになったそうです。

何も言わないのに夕食時には家に帰ってくるようになり、いつの間にか家族だんらんがそこにありました。

「嫌なものは嫌」と言うことで自由に

また、ある女性は旦那さんの収入だけで十分暮らしていけるにもかかわらず、かなりの重労働をしていました。

この女性は人から蔑まれたり、罵倒されることが多い仕事なのに、いつもニコニコしながら仕事をしています。そんな女性を尊敬できる反面、どこか不自然さを感じていました。

そこで、女性の〝心〟に「心よ！　私の魂は何を求めているの？」と聞いてもらいました。

すると〝心〟は「夫の支配から自由になること！」と言います。

実はいつも女性が旦那さんにおびえていたことがわかりました。旦那さんはすぐにイライラして怒鳴り出すので、女性は旦那さんに対して自己主張ができず、何十年もやってきてしまったそうです。

だから、女性の笑顔に不自然さを感じたのか、と理解できました。

そんな女性が旦那さんの前で〝心〟に聞くと、〝心〟は**「自分の感情を表現していいよ！」**と言ってくれました。

すると女性は旦那さんに対して、これまで鬱積していた怒りを吐き出してしまいました。旦那さんは反撃してくるかと思ったら、それ以来、女性に優しくなったそうです。

女性は〝心〟に聞きながら「嫌なことは嫌！」と表現することで、どんどん自由になっていきました。

するとある日、突然悪夢から覚めたごとく、「え？　なんで私、こんな大変な仕事をやっているんでしょう？」と気がついたのです。

女性は一生懸命に働いてくれる旦那さんに申し訳なくて、だから旦那さんのような大変な人をお世話する仕事に就いていたんだ、と腑に落ちたようでした。

そして、「私はもっと他にしたいことがあるかもしれない！」と、どんどん感じたままに生きられるようになっていきました。

7 怒りと愛を勘違いする仕組み

いつまでたってもダメ男と別れられない

「どうしてこの人はこんな男性と一緒にいられるのだろう?」と疑問に思うケースがよくあります。男性は女性の話もまともに聞けないし、女性の気持ちに共感することもない。自分勝手に女性を振り回し、女性が何を望んでいるのかなんてこれっぽっちも考えようとはしない。

周囲の友だちからは「そんな男とは別れちゃえばいいのに!」と言われる。でも、そんなことを言われるたびに「この人は私じゃなければダメなの！」と思ってしまう。「耐えて耐えて愛し続ける健気な愛」と思われるのかもしれませんが、そのメカニズムは意外と単純です。

相手から怒らされれば怒らされるほど、脳内麻薬が分泌されて感覚がマヒし、そのマヒした状態が恋のホルモンと同じなので、〝愛〟と勘違いしてしまうのです。これが「夫婦は喧嘩するほど仲が良い」という仕組みです。

恋のホルモンである「フェニルエチルアミン」は一人の相手に対して4年しか分泌されないのですが、今度は相手に怒って耐えた結果、その怒りの苦痛で脳内麻薬（エンドルフィン）が分泌されます。その脳内麻薬のせいで、「この人を愛しているかも〜！」という感覚に陥ります。

自分でも「相手に怒りを感じながらも離れられない私がおかしい！」と思ってしまうし、他人からは、「いつまでも悪縁を引きずってダメな人！」と思われます。

でも、それは間違いです。脳内麻薬のせいで感覚マヒが起きて動けなくなり、離れられなくなってしまっているだけなのです。

いったん相手から離れてしまったら、今度は「退薬症状」が襲ってきます。

退薬症状とは、薬（鎮痛剤、睡眠薬や抗不安薬など）やお酒をずっと飲んでいた人が、突然それを切ってしまうと、震え、吐き気、微熱、そしてイライラして落ち着かない感覚に襲われたりすることです。

それまで薬で保っていたホルモンのバランスが、薬を抜くことで崩れてしまうので、そのような症状になるのです。ひどい相手に怒らされて、その苦痛でエンドルフィンが頻繁に分泌され続けていた場合、急に離れてしまうと、この退薬症状が起きて、震えや吐き気が出ます。そして、「私はあの人がいないとさびしくて不安になってしまうんだ！」と勘違いしてしまうのです。

退薬症状が苦痛で、それをマヒさせてくれるエンドルフィンがほしくて、また「あの人」の元へと戻ってしまい、「腐れ縁を切ることができない」となるのです。

苦痛をマヒさせる脳内麻薬

人は苦痛を感じると、脳内でその苦痛をマヒさせるために脳内麻薬（エンドルフィン）が分泌されます。

頭痛薬は頭が痛いから飲むのですが、それを続けていると頭痛薬を飲みたいから痛みを脳がつくり出す、という興味深い現象があります。

どうしても痛いから飲まなくては、と思っているのですが、薬を止めてみたら、痛みがなくなったというケースもあります。

不幸を想像して痛い目にあう、というのも、脳内麻薬がほしいから不幸なことを考え続けてしまう、という悪循環になっているのです。そのため、

「不幸なことを考えるのが止められない!」状態がつくり出されます。

脳内で脳内麻薬（βエンドルフィン）が分泌されるから、想像することをやめられなくなります。

不幸なことを考え続けてしまう、そして痛い状況をつくり出してしまうのは、脳内麻薬がほしいから、と考えてみると興味深いですね。

もちろん、それは〝苦痛〟をマヒさせるためなのですが、鎮痛剤と同様に今度は逆に脳内麻薬がほしくて痛みが出てくるようになってしまいます。

「なんであの人は私にひどいの!」と怒るのも、ものすごく怒って〝苦痛〟のレベルまで達すれば脳内麻薬が得られるから、ということなのです。

「近づかない!」の暗示で縁が切れる

学生時代に失恋をして、恋の脳内麻薬の離脱症状を何度か味わいましたが、相手に近づかなければ大体2ヶ月でその症状は治まることがわかりました。

失恋直後は胃が口から出てきそうな吐き気に襲われ、相手に関連するものを見ると悲しくて泣き出しそうになっていました。

アルコール依存症の治療をしていたときも、患者さんが吐き気や、ささいなことで感情の起伏がはげしくなる感情失禁（感情のおもらし）などの退薬症状に苦しむのが、大体2週間から2ヶ月の間であることがわかりました。

その退薬症状から簡単に楽になる方法があります。

それは孤独や不安になったり吐き気に襲われたら、頭の中で「近づかない！」と唱えるだけです。

相手のことが頭に浮かんだり、相手に対する怒りや心配な気持ちに苛まれたら「近づかない！」と唱える。すると、離脱症状がスーッと治まるから不

失恋も「近づかない!」で乗り越えられる

思議です。

「近づかない!」と唱えていると、エンドルフィンの離脱症状が消え、エンドルフィンを求めなくなって、腐れ縁が簡単に切れるようになります。

相手に怒らされたり、苦痛を与えられてエンドルフィン依存になったりしていると、万が一その関係が切れても同じようにエンドルフィンを与えてくれる他の相手を引き寄せてしまいます。

そこで、これまでの相手がちょっとでも浮かんだら「近づかない！」と唱え続けると、エンドルフィン依存から解放されていきます。

すると近づいてくる相手がこれまでの変な人たちとはうってかわって、いい人が寄ってくるようになるのです。「え？　こんなに優しくしてもらっていいのかな？」と不安になるような素敵な相手が近寄ってきます。

もし、「こんな私がこんなに優しくしてもらって」と罪悪感のようなものを感じたら、必ず「近づかない！」と唱えます。

なぜなら、この罪悪感の背後にはエンドルフィン依存があるからです。

罪悪感や疑う気持ちが出てきたら「近づかない！」と唱えることで、「私は愛されてもいいのかも」と相手の優しさを素直に受けられるようになり、いい人との関係が深まっていくのです。

いい人との関係が深まっていくときに不安になるのは、エンドルフィン依存が残っているからなので、「近づかない！」と唱えれば「幸せになっていいのかも！」と思えるから不思議です。

恋愛相談は友だちにしないほうがいいワケ

恋愛について友だちに相談しても、友だちは自分の気持ちを理解してくれなかったりするので、苦痛が倍増してエンドルフィンの分泌量が増えます。

友だちは「そんなこと考えたってしょうがないよ」と自分の気持ちなんてすこしもわかってくれないのです。

そう、友だちはエンドルフィンを求めて怒っているなんて知る由もないので、「考えなければいいんだよ」と軽く言ってきます。

こっちはエンドルフィンがなければ、痛み止めがなくて苦痛に直にさらされてしまう恐怖が襲ってくるのです。だから「何もわかっていない！」と友だちに怒って脳内麻薬をさらに分泌させます。

問題は**「何もわかっていない！」と友だちに暗示をかけてしまうことで、「自分の友だち」のはずが、いつの間にか「自分の話を他人に垂れ流している裏切り者」になってしまい、「なんでだ〜！」とさらに怒りが増してドツボにはまっていく**のです。

こういう状況になると、どんどん孤立して誰も信じられなくなり、苦痛でさらに脳内麻薬が分泌されて不幸が増えていきます。

そんなときに第2章でも使った「本音モード！」を唱えてみます。

すると「あれ？　私が求めているのって脳内麻薬じゃない！」とわかっていきます。あーだこーだと考え始めても「本音モード！」と心の中で叫んでみると、脳内麻薬でマヒさせる必要がなくなってくるのです。

唱えるうちに「『脳内麻薬で禁断症状が出ている』というのも暗示だったんだ！」ということにも気づくのがおもしろいですね。

8

次々にわいてくるマイナス感情を断ち切る

「あのひと言」を思い出して何も手につかない…

「部屋の片づけをしなければ！」とか「あの本を読んでちゃんと勉強しなければ」と思うと、頭に嫌なことが浮かんできてしまう。

だいぶ昔に上司から言われたあのひと言で、「自分は馬鹿にされている」とか「いつも蔑まれてる」なんて怒りがわいてきて、薄汚れた気分になってしまう。

その汚れた気分を払拭するために、適当に雑誌をめくったり、ネットでど

うでもいい情報を検索することがやめられない。

あっという間に時間が過ぎてしまって、部屋の片づけはいつも通りできていない。読んでいない本が目の前に積み重ねられていて、ほこりをかぶっている。

また、時間をムダに使ってしまったことで嫌な気分になり、そこから芋づる式に嫌な記憶が引き出されて不快な感情でいっぱいになってしまう。

そして「こんな勉強もしないで片づけもできない自分は、将来失敗して路上生活者になるに違いない」と今度は路上生活をしている自分を想像して、絶望してしまう。

頭の中で路上生活をしている人たちとトラブルを起こしている場面を想像してさらに時間がムダに過ぎてしまう。

私はいつまでもしなくてはいけないことを先延ばしにする自分を、「頭がおかしいのでは？」と思っていました。やりたいことに集中できない病気かも？と思うぐらい、やりたいと思ったことが実行できなかったのです。

でも、心理学の勉強をするうちにその仕組みがわかってきました。

「今現在は何もないから安心していい」

知能検査では、言葉を覚えたり計算をしたりする「言語性知能」と、パズルを完成させたり、積み木を組み立てたり、バラバラになっている漫画をちゃんと順番に並べてストーリーを完成させたりする「動作性知能」の能力を調べます。

この言語性知能が高いと、過去の体験から将来を想像（シミュレーション）したり、いろいろな人の気持ちを想像したりして、相手とやり取りする前に結果を想像（シミュレーション）することができます。

さらに動作性知能が高ければ、時間軸による記憶に情報がちゃんと整理されるため、「過去の嫌な体験は過去に起きたこと」で「将来起きるかもしれない不安は今は必要じゃない！」というように、過去、未来、現在をきちんと区別して整理することができます。

いくら脳内で不幸なシミュレーションをしても、情報がちゃんと時系列で整理されるので、「今現在は、何もなくて幸せ〜！」という気持ちになれるのです。

なぜなら〝今〟この瞬間、自分の目の前には何も危険がないのだから。

人の不快な気持ちを想像してしまっても、動作性知能が高ければ他人と自分との距離で情報を整理するので、他人の感情はあくまでも他人ごとで「私

には関係ないかも〜！」と区別でき、人の気持ちに振り回されません。

私のように過去の嫌な出来事が急に思い出されて、まるでさっきあったことのように不快になったり、将来のことを考えて次の瞬間に起きることのように不安になってしまったり、全然関係ない他人の気持ちまで考えて落ちこむのは、「言語性知能」と「動作性知能」のバランスが取れていないからかもしれない、ということに気がつきました。

言語性知能が暴走して、シミュレーションをたくさんしてしまい、動作性知能が整理に追いつかずに頭の中に情報が氾濫してしまって、過去、現在、未来の不安や不快感にまみれてしまう。

それなら、言語性知能と動作性知能のバランスをとって、頭の中の情報を適切に整理できるようにしてしまえばいいのです。

不快感が襲ってきたら、「知恵と力の調整!」と頭の中で7回唱えてみます。

すると、言語性知能と動作性知能のバランスが取れて、みるみる情報が整理されていきます。

そして、次の瞬間に何も考えずに部屋を片づけている自分がいるからおもしろい!

人の気持ちを考えて嫌

「今」に集中できれば幸せになれる!

な気分になったときも、「知恵と力の調整！」と7回唱えてみると、言語と動作性知能のバランスが取れて「なんであんなに他人の気持ちを自分のことのように考えていたんだろう？」となります。

頻繁に唱えていると、「普通の人ってこんなに楽に生きているの！」とビックリします。

「知恵と力の調整！」を7回唱えているうちに知能のバランスが定着して、いつの間にか普通の人のように考えずに自然と動ける自分に変わっていきました。

9 これで誰とでも良い関係が保てる！

カウンセリングでの劇的な変化

ある女性は学生時代から「芸術作品を完成させて世に出したい！」と思っているのに、完成できないまま20年が過ぎてしまっていました。

「作品に取り組もう！」と思うと、過去のいじめられた体験や最近あった職場の理不尽な出来事が頭に浮かんできて、イライラしてスナック菓子をバリバリと食べてしまう。

食べていると職場の人から「あなた最近太ってきたわね」と言われたのを

思い出し、そこから「職場のみんなで私の悪口を言って馬鹿にしている」と職場でみんなが自分の悪口を言っている場面が浮かんできて、さらに嫌な気分になって作品どころではなくなってしまう。

もしかして、「作品を作ろう！」と思ったときに女性の知能が暴走して、言語性知能と動作性知能のバランスが崩れてしまうのかも？と仮説を立ててみました。

女性に嫌なことが頭に浮かんできたら**「知恵と力の調整！」と、頭の中で7回唱える**ようにお願いしました。

すると次のカウンセリングのときに、女性の口から過去の嫌だった思いとか職場の人たちの問題が出てこないのです。

「何か問題はありませんか？」と聞いてみたものの、「今は、作品に集中できるので問題はありません！」と言い切られてしまいました。

これまではカウンセリングの間は、ずっと不快な人たちの話だったのに、それがいっさいなくなりました。

「他の人は全然関係ありません！」と、あたかも以前から気になっていない体で彼女は言い切ったのです。

過去の不快な記憶にまみれていた自分の姿の記憶も、ちゃんと動作性知能が丁寧に整理しているので〝今〟の自分しかない。

過去の自分と今の自分を比較して、「あー！　こんなに変わった！」という〝変化〟の感動が一切ないのです。

そして女性は淡々と長年夢にまで見ていた作品に取り組んで、完成させていきました。

淡々と自分の世界に没入できる

不安や不快な気分が頭を巡ったときに、「知恵と力の調整！」と7回唱えるだけで、あんなに「やりたいことがあるのに時間がない」と思っていたのが「時間がある！」と変化していきます。

言語性知能と動作性知能のバランスが崩れていたときは、ありとあらゆるシミュレーションをしてしまうので取り越し苦労も多く、ムダなことやよけいなことをたくさんしていました。

「あ！　あれをやらなければ！」と思いついてあれこれ考え始めると、さっきまでやっていたことが頭から抜けて、「あれ？　さっき自分は何をやっていたんだっけ？」と、もう一度最初から始めなければならなくなり、二度手間になってしまいます。

そして、どんどん時間が無駄に過ぎてしまうのです。

「知恵と力の調整！」を唱えていると、自動的に身体が動いてやりたいことに集中できます。そして「あれもやらなければ！」なんて思わなくても、いい頃合いで次の行動に移ることができるようになります。

すると、やりたいことが全部淡々とできてしまって、いつもの時間よりも短くてすむのです。「けっこう時間があるな！」と思った瞬間に、「何をしようかな？」なんて考えなくても、それまで読みたかった本を手に取って優雅に読むことができます。

そして、ある一定の時間で自動的に切り上げて、次の行動に移って自分がやりたいスケジュールを次から次へとこなしていけます。

おもしろいのは「どれだけ自分は無駄に時間を過ごしていたんだ！」とい

うのも過去のことなので、それすらも考えることがなくなるということです。

恋愛が苦手だったけど…

「知恵と力の調整！」を唱えていると、「あれやりたいな〜！」と思いながらも手が出せなかったことになんの気負いもなく挑戦できてしまいます。

ある男性はこれまで女性と付き合ったことがなかったので「女性と付き合いたい」と思っていました。

でも、言語性知能が暴走して「自分が話しかけたら女性は必ず自分を嫌う！」と思ってしまっています。実際にそんなことを思って女性に近づけば、緊張して話せなくなり気まずくなって、女性は他のところに行ってしまうのです。

すると「やっぱり自分は嫌われた！」と落ちこんで、「このまま女性から嫌われて生きていくのかも？」とか「自分は生まれてこなければよかったのに」などと絶望的な気分になってしまいます。

「知恵と力の調整！」をその男性が唱えるようになったら、「あれ？　婚活パーティーじゃなくてファッションに挑戦しましたか！」とビックリしました。

男性はファッション雑誌のモデルのようなおしゃれな服で、髪型も眉毛も整い、イマドキな感じで清潔感にあふれる姿になっていました。

「身だしなみを整えると気持ちいいですね！」とさわやかに語ってくれました。

「どうやってその服のセンスを身につけたんですか？」と突然の変化にビックリして聞いてみると、「いや、着たいものを着てるだけですから！」とサラッと言われてしまいました。

あのしわくちゃの黒のスターウォーズのTシャツはどうしてしまったのだろう?と思いましたが、「それも彼にとっては過去のことなんだろうな」と思うと、おもしろくなりました。

異性を意識しなくなってモテモテに

「知恵と力の調整!」を唱えていくと、男性はおしゃれな姿になってコーラス部に挑戦し始め、その中で知り合った女性たちにモテまくるようになりました。

女性と付き合ったことがないから、振り回されるのではないかな?と不安に思っていましたが、男性は近寄ってくる女性と適切な距離をとりながらちゃんと楽しめていたのです。

言語性知能と動作性知能のバランスが取れているから、相手の気持ちを勝

手に想像してヤキモキすることがありません。

「だから女性の気持ちに巻きこまれないんだ！」と、その楽しんでいる男性を見ていてなんとなくわかってきました。

知能のバランスが取れて〝そのとき、その瞬間〟を男性は楽しんでいるので、女性に思わせぶりな態度はしません。だから、関係がこじれないのか！と、その変化はものすごく興味深く感じました。

第4章

あの人を一瞬で「いい人」に変える

1

「私を嫌いになれ」と暗示をかけていた!?

自分にだけ態度が悪い後輩

「私の悪い予感はよく当たるんです」と言われるクライアントさんがいます。みなさん共通しておっしゃるのは「どうせこの人は○○だろう」と悪い期待をすると、やはりその通りに当たるというのです。

これは、頭の中で相手にダメ出ししたことが〝完璧な暗示〟となり、起きる現象です。

頭の中で思ったことは、口に出さなくても脳のネットワークを通じて相手に伝わります。つまり、自分が〝暗示〟を使って「苦手な人」をつくり出してしまっているということです。

この章では、自分を振り回す人を、反対に「いい人」に変える方法をお話ししていきたいと思います。

以前、企業に勤めていたときに新入社員の指導をしたことがありました。

指導、なんて言うとエラそうですが、仕事がスムーズに進むコツを早く覚えさせて、仕事が一人でもできるようになってもらい、自分はラクをしよう、ともくろんでいたのです。

その新入社員は、言わなくてもいいひと言をポロっと言うクセがありました。

「この書類の整理をしておいてくださいね、○○さん！」と新入社員に伝えると、「ハイ！　適当にやっておきます！」と答えます。

「え〜！　適当って君〜！」と突っこみたくなったのですが、そんな細かいことで注意するなんて器の小さい人だと思われたら嫌だなぁと思い、何度も飲みこみました。

でも、おもしろいことに気がつきました。

私が指導しているときには「大嶋さんもちゃんとやってくださいね！」というような、おかしなことを言ってきます。

でも、同僚が指導しているときは、指示をしても「はい！」だけで終わっているのです。

「もしかして、私のことを馬鹿にしているのかな？」とか「なめられているの？」と考えるとだんだんイライラしてきます。

そして、家に帰ってもこの新入社員のことが頭から離れなくなってしまって、「自分は馬鹿にされるようなことをしたのかな？」と頭の中で会社での自分のみっともない言動を検索しては、「もしかしたらあれを見て馬鹿にしているのかも！」と思って、さらに怒りが増していきます。

「この子は必ず〇〇する！」

出社して顔を合わせるのも嫌になって苦しくなるのですが、イライラすればするほど、この新入社員はよけいなひと言を言ってきます。

それまでずっと我慢していたのですが、「〇〇君！　いい加減にしなさい！」と、とうとう爆発してしまったことがありました。

すると、新入社員はこわがっているようなのですが、顔をそむけながら「お前もな！」と言ったので、「これはおもしろい！」と思いました。

もしかして、**この新入社員は私の暗示で失言しているのかもしれない！**と気がついたのです。

相手の悪い態度は自分のせい？

私は頭の中で「この子は必ず、私によけいなことを言う！」と思っています。

そして、それにイライラしていると、脳の緊張が高まって、脳のネットワークの出力が高くなり、新入社員の脳に伝わってしまいます。そして、私が頭で思ったことが暗示となって、その新入社員は失言をしてしまうのです。

私がイラッとするポイントをついてくるのは、脳のネットワークを通じて私の不快感が相手に伝わっているからなのです。

私の脳内でつくられた「馬鹿にされている！」とか「なめられている！」という幻想の世界のやり取りが相手の脳に伝わって、それが暗示となって相手にやらせてしまっている可能性がある、と考えたらおもしろくなってきました。

「思ったとおり」の結果に

カウンセリングで、「私は人間関係で思ったとおりに相手から嫌われてしまうんです！」という訴えがあります。

「自分はこういうふうにして相手から邪険にされて捨てられる！」と思っているとそのとおりになって、それを何度も繰り返してしまうんです！という相談です。

そのときに、あのおもしろいボケをする新入社員のことがふっと頭に浮かんできます。

自分が恐れていることは、頭の中で何度もイメージしているので、それが相手の脳に伝わり、自分のイメージをしたとおりに相手に暗示をかけてしまって、突然冷たい態度になったり、邪険な態度をされたりします。

「ほら！　自分の予測が当たったでしょ！」とまるで予知能力があるように思えてしまうのですが、実際は、脳のネットワークを通じて自分の悪夢が相手に伝わって、相手に暗示をかけてしまっているだけだったりします。

よくある自己啓発本の「あなたが思ったことやイメージしたことがそのまま現実になります」なんていう単純なことではなくて、脳のネットワークを通じて**自分の恐れや怒りが相手に伝わってしまって、それが暗示となるか**

ら、自分の恐れていたイメージ通りの現実ができあがっていくだけなのです。

あるとき、あの新入社員に腹を割って「私はあなたから馬鹿にされているような感じがしている」と話したことがありました。

すると、新入社員は「あなたから見下されているような感じがして、反抗的な態度を取ってしまっていました」と話してくれたのです。

私が「新入社員から馬鹿にされている」と思っていると、新入社員の脳に伝わったときに「先輩から馬鹿にされている」と変換されます。すると、新入社員からは当然反抗的な態度が返ってきます。そして結果的に「馬鹿にされている」という状態が現実化することになるのです。

暗示は「あなたは私のことを馬鹿にする〜!」ではなく、「あなたは私に馬鹿にされている〜!」と入ってしまっていたのです。

相手から悪い暗示をかけられて「自分は嫌われる〜！」とか「馬鹿にされる〜！」と思ってしまう場合もあるのですが、このように自分で相手に暗示をかけて、「やっぱり馬鹿にされてるじゃないか！」とか「実際に嫌われているし！」という現実が作られてしまうこともあるのです。

2

「肩の動きを合わせる」だけで優しい上司に

理不尽な扱いに抵抗してもムダ…

学生の頃、心理学の授業を受けていたときに、講義中に教授が教室内をうろちょろと歩き回って講義をするので、話に集中できないことがありました。

そこで、クラスのみんなで話し合って、「先生に黒板の左脇に立ってもらって動かさないようにしよう！」と計画したのです。

方法は簡単。先生が歩き回り出したら、みんな興味なさそうに下を向き、教科書を読み始めます。そして、先生が黒板の左側のある位置に立った瞬間、みんながいっせいに顔を上げて「うん！　うん！」と目を輝かせて興味深そうに先生の話を聞く、ということを繰り返しました。

2時間の講義の中、笑いをこらえるのに必死だったのを覚えています。

そして2ヶ月後には、先生はぴったりと黒板の左側に立って講義をするようになりました。黒板に説明を書き終わっても、歩き回ることなく、ちゃんと定位置に戻るようになったのです。

そんな話を上司から理不尽な扱いを受けて悩んでいた女性にしていました。女性は上司から重要な仕事を回してもらえず、それでいて「仕事がちゃんとできていない！」と責められていました。

「ちゃんと仕事を回してください！」と上司に伝えても、「今の仕事がちゃんとできていないのに、なんで他の仕事ができるんだ！」と怒鳴られる始末です。

その上の上司に訴えてみたものの、状況は何も変わらないという話をされていたとのことでした。

呼吸を合わせると相手の緊張が抜ける

そこで女性に催眠療法のテクニックをお伝えしました。

「もちろん催眠療法といっても安全な方法なので、誰に使っても大丈夫です」と前置きをしてから手順の説明をしました。

催眠をかける相手がこちらを見ていても見ていなくても、相手の呼吸に自分の肩の動きを合わせる、という簡単なテクニックです。

初めのうちは、呼吸をしている肩の動きがなかなか見えませんでしたが、肩だけに集中するのではなくボーッと身体全体をぼんやりと眺めるようにして見ると、「あ！　肩が呼吸のときに動いている！」と見えるようになりました。

そして「吸う息のときに、自分の肩を相手の動きに合わせてゆっくりと上げて、吐く息のときに、肩を相手の動きに合わせてゆっくりと下げる！」ということを繰り返していきます。

これを女性が電車の中で座っている人に向けて練習してみると、相手が「スコン！」と寝てしまったそうです。

呼吸を合わせていると、自分の身体の緊張が緩んだ瞬間に相手が寝てしまうので、「この瞬間が催眠に入った状態なんだ〜！」とわかるようになりました。

練習を積んでから、背中を向けて仕事をしている上司に試してみたら、女性に対する上司の風当たりが弱まり、いつの間にか上司が優しい目で女性のことを見るようになっていたそうです。

上司の呼吸に合わせて緊張が抜けた瞬間に、上司の態度が一変したので、女性は戸惑い、「これってズルをしているのでしょうか？」とまるで悪いことをしているかのように心配していました。

「催眠は本来の姿である無意識の状態をただ引き出すだけで相手を操作しているわけではないんですよ」と説明をすると、

「それでは、上司は無意識の状態だと、私のことを信頼していたということなんですね！」と、女性は驚きを隠せない様子でした。

本当はあった信頼を引き出せた

人間は本当は無意識の状態ではお互いに信頼し合っているのに、意識がそれを邪魔している、と考えられます。

その意識の邪魔を排除できるのが催眠療法なのです（催眠にはさまざまな解釈があります）。

さらに暗示を使って意識の邪魔を排除して、上司の本来の姿に戻ってもらいます。

女性は呼吸合わせをして緊張度が下がったときに、上司に「いつも助けてくださってありがとうございます」と〝褒める暗示のテクニック〟を使ってみました。

「褒める暗示のテクニック」とは、漠然と褒めることで、意識の邪魔を排除して、本来お互いが信頼し合っている無意識の状態になってもらうテクニックです。

すると上司は鼻の角度を45度上げて、「君の上司なんだから当然だろ!」と自慢げに言ったのです。

後になって、上司は女性が希望していた海外支社のリーダーになるための推薦状を書いてくれていたことがわかりました。

そして、その候補が他の人に決まってしまったときに、上司自らが上役に抗議してくれていたことを他の部署の人から聞かされたのです。

上司は以前とは違った温かい口調で「残念だったね！」と声をかけてくれて、「でも、優秀なあなたがこの部署に残ってくれてよかったよ！」と爽やかな笑顔で伝えてくれました。

そして、それまで自分がやりたかった仕事をいっさい回してもらえない、という状況がガラッと変わって、いつの間にか女性は上司の右腕としてバリバリ働くようになったのです。


催眠療法のテクニックを使って意識の邪魔を排除してみたら、あんなに憎たらしく思っていた上司が自分の味方になってくれました。でも、不思議なことに女性にとっては「上司や職場が変わった」という印象はなく、「本来あるべき状態に戻った」という感覚なのでまったく感動がありません。

だから「え？　このテクニックを使って何が変わったんでしょうか？」と

いう体でいます。

まさに、**催眠のテクニックを使って本来の姿に戻っただけ**なんだな！と思い、ちょっと嬉しくなりました。

3 ずかずかと土足で踏みこむ相手のかわし方

「拒否しないだろう」と思われている!?

不快なことを押しつけてくる相手は「この人にだったら、これくらいのことをしてもいいだろう！」と勝手に決めつけて侵入してきます。

さらに「この人だったら、こんなことを言っても平気だろう！」とずかずかと人の心を土足で踏みにじるようなことを言ってくるのです。

このように「他人からの侵入を受けてしまう人」と「受けない人」の差は

「なんで、この人は私に対してだけこんなことをするんだろう？」

と考えるか否かだけだったりします。

「なんでこの人は？」と考えない人は、相手が侵入してきたら「はあ！　馬鹿じゃない！　こいつ！」と即座に侵入を拒否することができます。

考えてしまう人は、

「私が普段からヘラヘラしているから、馬鹿にして平気でこんなことをしてくるんだ！」

「私のしゃべりかたがとろいから、私のことをなめくさってこんなことをしてくる！」

などと考えがふくらみ、イライラが増幅して、怒りの限界値を振り切ってしまいます。

このように怒りが限界値を超えると感覚がマヒしてしまうのです。

そのため、「嫌！」と言えなくなり、ちょっとした刺激でもすぐに怒りの限界値を超えて、その場で「嫌！」という感覚がマヒし、相手からの侵入をかわすことができなくなってしまいます。

侵入を止める効果的なフレーズ

先述のとおり、「なんでこの人は！」と考えると、相手に〝憑依〟してしまいます。このとき脳が〝帯電〟し、ますます自分の気持ちがよくわからなくなって他人の考えに〝侵入〟されやすくなってしまうのです。

相手の気持ちを考えてしまうことで脳内に電気が発生します。そして、相手の立場になって考えた瞬間に、自分の感情は発散されることなく脳内に蓄積されます（自分のストレスは自分でしか解消することができないため、相手の立場になっても、相手を動かすことができないので、ストレスが解消されない）。

発散されずに蓄積された感情が「電気」として脳内にたまり続けるため、よけいに自分の感覚が感じられなくなり、さらに脳内に蓄電されていく、という仕組みになっています。

そこで「なんであの人は！」と相手の気持ちを考えそうになったときに、**「相手の気持ちはわからない、そして自分の気持ちすらわからない」**というフレーズを唱えてみます。

「どうしてあんなことをするの？」とか「なんで人の気持ちをあの人は考えないの？」とイラッと来た瞬間にこのフレーズを唱えてみると、「あれ？　別にあの人なんかどうでもいいか！」と相手と自分の間に境界線が引けるようになります。

境界線が引けるようになると、脳内に電気がたまらなくなり、「バチッ！」

という現象が消えて、変な人が自分に近づいてこなくなるのです。

　変な人が他の人のところに引き寄せられていったのを見たときに、「あ！　帯電している！　帯電している！」とちょっと嬉しくなりました。

他人の不満が蓄積したときは…
なんであの人は人の気持ちを考えないんだろ
ピリ
ピリ
どうしてこんなことするんだろ
相手の気持ちはわからない
自分の気持ちすらわからない
スッキリ
あれ？別にどうでもいいか

変な人も近づいてこなくなる

4 「間違っているのをわからせたい！」の裏にある本音

電車内のとなりの席で嫌がらせをしてくる人に

仕事が終って疲れて電車で帰るときに、「あ！　席が空いた！　ラッキー！」と、目の前の席が空いたことがありました。

前に座っていた方は女性だったので、私が座るにはすこし狭いような気がしました。でも、両脇の人がちょっと席をずれてくれるだろう、と思って、「すみません」と声をかけたのですが、左側のおじさんだけが腕組みをしてちっとも動こうとしません。

「まあ、いいか」と、ちょっと狭いながらも満員電車で腰かけられる喜びに浸ろうとしたら、急にとなりのおじさんが新聞を広げて読み出して、肘をわざと私の方にぶつけてきます。

混んでいる電車なんだから折り畳んで新聞を読めばいいのに、「なんでこの人はわざと嫌がらせのようなことをやってくるのだろう？」とイライラし始めます。

満員電車の中でやっと自分のスペースを確保できたと思ったら、そこにマナーの悪いおじさんが侵入してくるのです。

「どうしてこのおじさんは人の気持ちを考えないのだろう？」などと思ってイライラしていると、ますますおじさんが肘をがんがんとぶつけてきます。

そのとき、**「もしかしたら『このおじさんはマナーが悪い！』と思った瞬間、脳のネットワークを通じて、私の意識がおじさんに暗示をかけてしまってい**

たのかも!」と気がつきました。

〝呼吸合わせのテクニック〟を使い、おじさんの呼吸に合わせてみると、おじさんはいつの間にか新聞を持ったまま寝てしまいました。

広げていた足もいつの間にか閉じて、ウトウトしながらこちらに寄りかかってきます。そのとき、不思議とそのおじさんの重みが嫌ではありませんでした。

なんだかおじさんからあたたかさが伝わってきて、「みんな同じなんだ〜!」と不思議な感覚になったのです。

「なんでこの人はこんな常識はずれなことをするんだろう?」と思っているときは「相手を私のように常識のある人間に変えたい!」という意識が働いています。

なぜ「私のような常識のある人間」に変えたいかというと、相手が変わることで同じ価値観になり、安心できる環境が生み出せると思っているから。

ということは、今現在は相手と価値観がまったく違っていて、「安心できない世界」に生きていることになります。

同じ価値観の人だけの安心できる世界にしたいので、「相手を変えたい、変わってほしい」と思ってしまうのです。

「このおじさんマナー悪いな〜！」の暗示

無意識の世界では、みんなが〝無〟なので、「みんな一緒でつながっている！」という安心感があります。

でも、意識は「みんな自分とは違っている！」と暗示をかけて、安心感がない世界をつくり出しているのです。

意識で「なんでこの人は自分と違ってマナーがないんだろう？」と思うのは、無意識の安心の世界を求めているからなのですが、思った瞬間に脳のネットワークを通じて「あなたは常識のないおじさんだ！」と入れてしまうので、相手はその暗示に従って傍若無人に振る舞います。

無意識が求めている〝無〟の一体感が得られないので、ますます「なんでこの人は！」と暗示をかける悪循環にはまっていきます。

「このおじさん、マナーが悪いな〜！」と思った瞬間に、脳のネットワークでおじさんに伝わり、それがおじさんへの暗示となって傍若無人な態度をとらせてしまう、と考えてみましょう。

催眠術師が「あなたは猿になる〜！」と言っただけで壇上で猿まねをさせるように、おじさんに傍若無人な態度を取らせているのです。

でも、考えてみると「なんでこのおじさんは！」と怒ってしまう思考も、もしかしたら脳のネットワークを通じて誰かから暗示を入れられている、という可能性があります。

なぜなら、無意識の世界ではみんな〝無〟で一体だから、安心感に満ちているはず。

その安心感をみじんも感じられない私は、もしかして誰かの意識で催眠状態に入れられて幻想の世界でお猿を演じさせられているのかも？と思ったりします。

暗示を入れられて、サルのようにキーキーと怒らされているのは面白くありません。

そこで、その暗示を簡単に解いてしまうのが、第2章でも使った「本音モード！」です。

「くだらないこと」と思えるように

「なんであの人は?」と自分勝手なあの人のことが思い出されて、一人になったときにイライラする。

そんなときに、ヒーローが変身するときのかけ声のように「本音モード!」と自分の頭の中で叫んでみます。

すると「こんなくだらないことを考えている前に風呂に入ろっと!」と自然と自分が心地よいことをするために身体が動きます。

頭で「こんな嫌なことを考えていないで、お風呂に入って嫌な考えを洗い流そう!」と考えるのではなくて、**「本音モード!」と叫ぶことで意識的な暗示が解けて自分が本当に求めていることができるようになり、そこで〝安心〟が感じられるようになるのです。**

「なんでとなりの席のあの人は、私のことにいちいち口を出してくるんだろう？」と考え始めてしまったら、「本音モ〜ド！」と唱えてみます。

すると「お！　ストレッチがしたいかも？」と、ふと思い、長い間やっていなかったストレッチをやり始めます。ストレッチをしている間に、となりのあの人のことなんかどうでもよくなってきて、眠くなってきました。

そして、いつもよりも早い時間に床につくと、朝スッキリと目覚めて、職場でもあの人のことがまったく気にならなくなっているから不思議です。

誰かの暗示によってサルを演じさせられていた自分が滑稽に思えてきました。

5

相手をモンスターにしない、とっておきの方法

間違いを指摘すると何倍にも返される

小学校の頃、理科の授業を受けているときに、いじめっ子に認めてもらいたくて、黒板に書いている先生の間違いを「先生！」と指摘してみたことがありました。

すると、先生は突然私を怒鳴りつけ、理科室の四角い椅子を私に投げつけてきます。「え〜！　どうして？」とビックリして固まってしまいました。

いじめっ子たちが先生に対して同じようなことを指摘しても、先生は何も

言わずに軽く受け流します。でも、なんで私が言ったら突然キレて、椅子を投げつけるの？と疑問に思いました。

先生に「先生！　教師だからって何をやってもいいんですか？」と言ったら、さらに怒られ頭を殴られて、廊下で正座をさせられました。

この教師との不思議な関係は、中学でも同じようなことが起こり、高校では1年間、担任の教師から出欠簿の点呼のときに私だけ無視されて、名前を呼んでもらえなかったことがありました。

「なんで私ばっかり！」と当時は思っていました。

でも、催眠療法を始めるようになってからその仕組みがわかってきました。

それは**「自分が一番正しい！」と思っている人に「あなたの正しさは本物ですか？」とその人の良心や正義を問うと相手から敵視され、攻撃されてしまう**ということ。

催眠療法を始めて無意識の世界に触れたときに、「みんな〝無〟で同じなんだ〜！」ということがわかりました。

それまでは、意識を使って「この人は優れている」とか「この人は正しい」という判断をしながら生きてきました。どこかに本当に正しい人がいて、ダメな私を正しい方向に導いてくれる、と信じていました。

だから「正しい！」と主張する人に「本当にあなたは正しいのですか？」と確かめたくなってしまう。「正しい！」と主張していても、相手の本質は〝無〟だから「何もない、ということが暴かれてしまうかも？」と相手はあわてて防御し、攻撃に転じます。

なぜなら、相手も「みんなの本質は〝無〟だから立派な先生なんか演じる必要はない」ということに気づいていないからです。

モラハラ男性の胸のうち

「自分は正しい！」と主張している人が「何もない〝無〟」と暴かれることを恐れるのは「暴かれたら、周りから蔑まれて、捨てられて、誰からも相手にされなくなり孤独になってしまう！」からです。

だから、必死になって無を隠すために正しさを主張し、自分の正しさに疑問を持った人を攻撃します。

「本当は抵抗をやめて〝無〟になれば、みんなと一緒で一体感が得られるのに〜！」と無意識は言っています。

では、攻撃的な人、理不尽な人にどうやったら巻きこまれなくなるのでしょうか。

最近よくある相談内容が「モラルハラスメント」、パートナーや職場における、言葉や態度での暴力です。

男女間のモラハラはどちらかの方が優れていたり地位が上だったりすることで発生します。

たとえば、年収が奥さんの方が上とか学歴や地位が上などの場合、男性の男性性（男らしさ）が脅かされてしまいます。

「自分が男性でいられなくなってしまう〜！（自分の立場が脅かされる！）」と傍若無人な態度を取って、男性性を誇示してしまうのです。

思ったことの「逆」を伝えてみる

無意識の世界では、すべてが〝無〟のため、男性も女性も関係ないのですが、意識がそれを許しません。ちょっとした刺激で男性性が揺らぐため、

「男でいなければ！」となって傍若無人な態度を取ってしまうのです。

そんな傍若無人な旦那さんを持つ奥さんに使ってもらったテクニックが、催眠療法の〝**逆説**〟です。**相手の意識が恐れているのと真逆のメッセージを入れて意識を打ち消し、無意識状態にするテクニック**です。

旦那さんが上から目線で偉そうにふるまうのは「男じゃなくなるのがこわい！」ので、暴力的（男性的）になって男性性を誇示しようとしているからです。

旦那さんが恐れているのは「男らしくない」ということ。だから奥さんは「あなたって男らしいわよね！」と呼吸を合わせながら旦那さんに伝えてみます。

すると偉そうにしていた旦那さんが「え？」と止まって頭が真っ白になり、無意識状態に陥るのです。

みんな本質は無
無
無意識状態にしてあげよう

正しいかどうかで判断しなければ、一体感を得られる!

「男らしい」と〝逆説〟のメッセージを入れられたとたんに、意識は弱まり無意識状態になって「あ！　こんなことをしなくてもいいかも！」と思えるようになります。

職場でのセクハラやモラハラの問題も、男性よりも女性の方の能力が上だったりするときに、「男性性が脅かされる〜！」と男性性をゆがんだ形で誇示しようとします。

そんな人に呼吸を合わせて〝逆

説〟を使って、「○○さんって頭が良くて紳士的ですね～！」と暗示をかけてしまうと、意識的な状態から無意識の状態になって「どうでもいいかも～！」となります。

この〝逆説〟をかけるコツは、相手の傍若無人な振る舞いに対して浮かんでくる「素直な気持ち」が大切になります。

相手の傍若無人の態度に対して「人の気持ちがわからない無責任なモラハラおやじが！」と罵倒が浮かんだら、その逆のメッセージが〝逆説〟になります。

「○○さんって優しくて責任感がものすごく強い方ですよね！」とかけてしまえば、相手の〝意識〟が生み出す不快なキャラクターが〝逆説〟で打ち消されて、本来の〝無〟の姿になります。

甘える人には「頼もしいですね」

セクハラ、モラハラの原因が「男性性の欠如」だったら、ウザったく甘えてくる人は「年齢相応の成長の欠如」になるのかもしれません。

甘えてくる人が一番何を恐れているかは、相手がこちらに甘えてきたときに、頭の中に浮かんでくる罵倒でよくわかります。

「自分で何も考えもしないで、人にばっかり頼るマザコン野郎！」と頭に浮かんだら、それは脳のネットワークで伝わってきた相手がもっとも恐れていることだったりします。

相手は「いつまでも成長しない甘ったれの気持ち悪いやつ！と思われて見捨てられちゃう！」と恐れたときに、逆に甘えん坊のマザコン状態になってしまうのです。

セクハラ、モラハラ、DVをしてくる男性が「男性性の欠如」を恐れ、それらで誇示すれば逆に男性性の欠如が際立ってしまうのと同じように、「成長の欠如」で相手から見下されることを恐れると、逆に甘え状態がひどくなります。

そこで、甘えてくる人の「成長の欠如」に〝逆説〟をかけてしまえば意識の暗示が解かれて、みんなと同じ本来の姿に戻り、一体感が感じられるようになります。

甘えに対する〝逆説〟は「ものすごくしっかりしていますね～！」「ものすごく責任感が強いですね～！」「頼もしいですね～！」とか「一緒にいると安心できますね～！」などです。

甘えてくる人の「自分はみんなと違って成長していない」は〝意識〟がつくり出している暗示です。〝逆説〟でその暗示から解かれると、「本来のその人の姿」に戻るため、一緒にいて安心で、楽しい人になっていきます。

第5章

もう二度と他人の言動に動かされない

①「堂々とした人」を徹底的にまねてみる

わがままな夫を手のひらで転がせた！

　ある女性が「旦那さんからちっとも大切にされない」という悩みで相談に来られました。

　話を聞いていると、女性が旦那さんと話をするときは、旦那さんに対する文句や子どもの問題などしか出てきません。

　旦那さんの顔を見るとイライラしてしまって、しかめっ面になってしまう。旦那さんの話や悩みなんてこれまでゆっくりと聞いたことがない、ということでした。

単純に考えると、これまでの女性の言動で旦那さんから邪険にされるようになったのだったら、その逆をすれば〝大切にされる〟ということになります。

旦那さんを褒めて、子どもの自慢話をして、そして笑顔で旦那さんと向き合い、旦那さんの話に耳を傾けてあげればいいのです。

でも、その女性は**「そんなことわかっているんですけどできないんです！」**と言い切ります。そのとき、私の頭の中で「はい！　暗示がいっちょう入りました〜！」と活きのいい寿司屋さんの威勢のいい声が響いていました。

「わかっているけどできない」というのは、催眠療法的に見ると、ものすごい強力な自己暗示になります。この自己暗示の言葉を使ったら、絶対に旦那さんへのアプローチを変えることができなくなってしまいます。

そこで女性に「あこがれの女優さんはいますか？」と聞いてみました。

すると女性の目が輝いて「はい！　ヴィヴィアン・リーが大好きです！」と言います。映画『風と共に去りぬ』のラストシーンがふっと頭に浮かんできました。

男性からするとちょっと鼻につくような女性像だけど、まあいいか！と思って、そのヴィヴィアン・リーが旦那さんと接するときのイメージをしてみてください、と女性にお願いしました。

すると、その瞬間にものすごく素敵な笑顔になってびっくりしました。

帰ってから旦那さんにヴィヴィアンの笑顔を試してみると、旦那さんの態度が一変して、女性は旦那さんを掌で転がすようになってしまったそうです。

「おもしろがってあまり旦那さんを転がしすぎないでくださいね！」とお伝

えしたら、女性は大笑いしていました。

現在の不快な状況をつくっているのは、すべて意識がつくり出す暗示。あこがれの人をちょっとまねするだけで、簡単にその暗示から抜け出せて、まったく違う世界が見えてきます。

「ベテランのボス」になりきったら…

カウンセラーになって駆け出しの頃に、催眠のお師匠さんのところで指導を受けていて、「あなたの職場のボスだったら、どのようにこの患者さんを治療しますか？」と聞かれたことがありました。

私は一生懸命考えましたが、ちっともアイデアが出てきません。出てこなくて困っているのに、お師匠さんは「ボスだったらなんていうでしょう？」と追いうちをかけてきます。

「そんなカウンセリングの仕事を始めて間もない私が、ベテランのボスのやり方なんかわかるわけがないでしょ！」と思っていました。

「ベテランのボス」と思ったときに、ボスのあのふてぶてしい態度が頭に浮かんできました。椅子にふんぞり返って、煙草を口の横にさして、煙を「ふー！」と吐き出します。

そこでボスの姿勢をまねて、エアタバコで「ふーっ」と息を吐いた次の瞬間、まるでボスが憑依したようにスラスラと答えが出てきました。普段の自分だったら思いつかないアイデアがどんどん出てきます。

まねをすることで、「新人だから思いつかない！」という〝暗示〟から解放されて、無意識にある無限の力を使ってなりたい自分になれます。

「緊張している人が近くにいると緊張する」のは、人間の脳にあるミラーニューロンが自動的に近くにいる人の脳の状態をまねするから緊張する、と説明しましたが、さらにミラーニューロンの実験で「相手のまねをすればするほど、ミラーニューロンが活性化する」というものがあります。

相手のまねをすれば、ミラーニューロンが時空を超えて理想の相手の脳のまねをするので、意識がつくり出す〝暗示〟から簡単に解放されるのです。

ミラーニューロンが活性化

私は学生時代、冒険家の植村直己さんの本が大好きで、本がボロボロになるぐらい何度も何度も読み返していました。植村さんは外国語が話せないのに、山に登るために海外に渡って、身振り手振りで仕事をもらい、お金を稼いで山に登り冒険をする、という生活をしていました。

植村さんにあこがれる毎日。そして、なんと！　ある日気がついたら、私はアメリカの空港に立っていて、英語がまったく話せないまま、身振り手振りで売店のおばちゃんにガムを売ってもらって、お金の数え方を教わっていました。

「植村さんと同じ！」と思っていたのですが、植村さんはちゃんと日本の大学受験をして卒業しているので、ある程度の英語力はあったはず。一方、私は高校のときの英語の成績が10段階中2のまま飛行機に乗ってしまったのでした。

「植村さんのようになりたい」と思って身振り手振りでコミュニケーションを取りながら、いつの間にかその手に卒業証書を持って、ニセアカシアの花の香りが漂う木の下で笑顔の両親と一緒に記念写真を撮っていました。

いつの間にかあの暗い家から抜け出して、「夢にまで見たあこがれの海外の大学」を卒業していたのです。

多くの人から「大変だったでしょ！」と言われるのですが、植村さんのまねをしていただけなので、努力した感覚がまったくありません。

「あの人のようになりたい！」と思ってまねをしただけで、努力しないで簡単になりたい自分に変化していった、というのがとても興味深いことです。

② 本来の自分を取り戻す

あこがれの人のまねで外見まで美しく

あこがれの人をまねていると内面だけでなく、外見でさえ似てくるから不思議です。

飼い犬の顔が飼い主に似る、という話をよく聞きますが、この現象も脳のネットワークで説明できます。

犬が飼い主をまねて飼い主の後を一生懸命に歩いたりしていると、脳が飼い主とつながり、飼い主の顔と似てくる、と考えてみるとおもしろいですね。

長年連れ添ってきた夫婦の顔が似ているのも同じで、「同じものを食べて、同じ時間に寝て」を繰り返しながら、知らず知らずのうちにお互いがお互いのまねをすることでミラーニューロンが活性化されていくのです。

そして、脳のネットワークが強化されてお互いの脳の状態をまねし合うことで容姿まで似てきます。

そう考えると「自分は美しくない」と思ってしまっているのも、知らず知らずのうちに美しくない誰かの脳の状態をまねて、その人の中にある「自分は醜い」という感覚が伝わり、それが〝暗示〟となって容姿に反映されている、と考えられます。

「美しくない」というのが〝暗示〟によってつくり出されているのだったら、その〝暗示〟を解くために、美しい人のまねをしてしまえばいいのです。

あこがれの人をまねるだけで外見も似てくる！

理想とする美しい人のしぐさ、表情、話し方などをまねることでミラーニューロンが活性化して、美しい人の脳にアクセスすることができます。

その脳に隠されている美しさの秘訣が自動的に脳に流れてくるので、背筋が自然と伸びて歩き方が変わっていきます。「あの人」を意識しただけで口角が上がり、口角筋が鍛えられて顔の形が変わっていくのです。

やがて鏡を見たときに「あれ？

あの人に似てきたかも！」と変わっていくから不思議です。

あるとき、フッと〝心〟に聞いてみました。

「心よ！　これからは誰のまねをしたらいいかな？」と。すると〝心〟は**「もう誰のまねも必要ない」**と言います。

それを聞いたときに、溺れないように浮き輪に必死にしがみついて生きてきたけれど、その浮き輪を突然取り上げられて溺れそうになっているイメージが浮かんできて息苦しくなりました。

「心よ！　自分一人じゃ無理！」と訴えました。これまで自分で何ひとつやり遂げてきたイメージもなく、いつも誰かのまねをしていたからなんとか生きてこれた、と思っていました。

自分ではないものを捨てていくだけ

すると〝心〟は**「あなたは人のまねをして今の自分のキャラクターをつくっていると思っているけど、本当はまねをすることで無駄なものを脱ぎ捨てて、本来の自分の姿に戻っただけだから」**と言われました。

「ハイ？　何を仰っていますの？」と〝心〟に聞き返したくなります。

すると〝心〟は「あなたが身につけていた『ダメ人間』などの不必要な鎧が、人のまねをすることでどんどんはがれ落ちて、本来のあなたの姿に戻っただけ」と丁寧に教えてくれました。

でも、この答えにちょっと自信が持てなくて、クライアントさんの〝心〟に聞いてもらいました。「心よ！　誰かのまねをする必要はないの？」と質問してもらうと、「ありません」とはっきり言われます。

「心よ！　どうしてないの？」と聞くと、**「本来の自分に戻るだけで、自由に生きられるのだから」**と言われました。

そこで、「心よ！　どうしたら本来の自分に戻れるの？」と質問すると、〝心〟は「あなたじゃないものを捨てていけばいい」と教えてくれたのです。

「私の〝心〟とクライアントさんの〝心〟の答えは一緒だ！」とちょっとうれしくなりました。

必要じゃないものを捨てていけばいいんだ、とわかった瞬間でした。

③

「なんだ、本当はみんないい人だったんだ」

無意識の世界では一体

無意識の世界は、人と人の間に優劣がなく、嫉妬も憎しみもない世界。そんな世界が意識の下に広がっています。

「心よ!」のテクニックを使って〝心〟にたずねてみると、**「私は別に何も求めていない! なぜなら『みんな同じ』だから」**と教えてくれます。

みんな同じだから**「自分が努力して、みんなから受け入れてもらえる存在になろう!」とか「努力して、みんなよりも優れたところを見せて、認めて**

もらわなければ！」ということが、いっさい必要ないのです。

年齢や経験なども意識的なものであって、その下にある無意識の世界ではみんな〝無〟であって、みんな同じでつながっていました。

あるとき、ある女性が旦那さんの浮気問題で苦しんでいる、と涙ながらに相談にきたことがありました。そのときに〝心〟に「私は夫の浮気のことで苦しんでいますか？」とたずねてもらいました。

普通、こんな質問をしたら「当たり前じゃない！　こんなに泣いてるんだから！」と怒られるところですが、〝心〟は「別にあなたは苦しんでいないし、その苦しみはあなたのものじゃない！」と答えます。

思わずそれを口にした女性も「え？　なんなの？」とビックリ。「心よ！　だったらこの苦しい感覚はどこから来ているの？」とたずねてみました。

そうしたら、〝心〟は「あなたが相談した人たちが勝手に想像してつくり出した幻想」と言います。

そこで「心よ！　自分のじゃなかったらこの苦しみをどうしたらいいの？」とたずねてみました。すると〝心〟は「別に何もする必要はない、元々それは存在しないものだから」と教えてくれました。

すると女性は急に元気になって「たしかに浮気なんてまったく気にしていないんです！」と言いました。彼女自身も旦那さん以外の男性と関係があって、夫にばれるかどうかビクビクしていたそうなのです。

みんな同じで、みんな〝無〟だった、という無意識の世界は本当に興味深いです。

よけいなフィルターを外す

意識がつくり出す幻想では「相手は自分よりも優れている」と感じると

き、「嫉妬」という不快な感情がまるでそこにあるような感覚に陥ってしまいます。

さらに「相手は自分よりも劣っている」と思って相手を哀れみ、そして裏切られて〝憎しみ〟の感情の幻想に取り憑かれてしまうのです。

それらはすべて意識がつくり出している幻想。だから、**催眠療法のテクニックを使って、意識がつくり出している防壁を落として無意識の世界に誘うことで、それまで意識的には見えなかった相手の姿が見えていきます。**

意識のフィルターで見ていたときは相手がまるでモンスターのように見えてしまっていたのですが、そのフィルターが落ちてしまえば「案外この人はいい人かも！」と見えてくるから不思議です。

催眠療法の呼吸合わせのテクニックで相手を無意識の世界に誘うことで、相手の見え方が変わっていきます。さらに〝暗示のテクニック〟を使って相

意識のフィルターをとれば、みんな同じ!

手を褒めることで、さらに意識の防壁が崩れ落ちて本来の相手の姿に戻り、**「みんな一緒なんだ!」**と共に楽しむことができるようになります。

脳内麻薬から醒めてみると、淡々とした生活を送ることができるのですが、自分では「淡々とした生活」に変わったことに気づきません。

今日一日、いや、今このときに生きているので、先のことも後のことも思い悩んだり後悔したりする必要はないし、考える必要もないからなのです。

4 「認めてほしい」欲求から解放される

したいことをしていて評価される

子どもの頃から「人に認めてもらおう！」と思って努力するのですが、なぜか長続きしない、という経験を繰り返していました。あのときの決心はあんなに固かったのに「もうダメだ」と三日坊主で終ってしまう。そして、親からも周囲からも「あの子は何をやっても長続きしない」と言われてみじめな気持ちになります。

「やればできるはずなのに！」と周りからも言われて、自分でも思っているのにいつまでたってもそれが開花しません。

何をやっても中途半端、大人になってからもすべて途中で他の人に手柄を持っていかれてしまい、評価されることなく悔しい思いをする日々でした。

幼い頃から「なんで、自分はこんなに中途半端で誰からも認めてもらえないのだろう？」と悩んで反省していましたが、この状況から抜けることはできませんでした。


それが「心よ！」と聞きながら行動するようになると、「三日坊主」ということがなくなりました。たとえば、テレビの格闘シーンを見ていて「運動しよう！」と思って「心よ！　今の私に筋トレは必要ですか？」と聞いてみます。

すると〝心〟は「筋トレは必要ないけど、ジョギングだったら３㎞ぐらい走ってもいいよ！」と言ってくれました。そして、靴を買って走り始めたら、だんだん距離が延びてきて、いつの間にか月に２００km以上も走れるようになっていました。

「すごいですね～！」と評価されるようになっているのですが、別に自分がやりたいからやっているだけで、なんとも感じなくなっている自分が不思議でした。

以前はあんなに人から評価されたかったのに、それが必要なくなっていました。評価される必要がないのに、心に聞きながら生活すると、自然と周りの人から評価されるようになったのです。

本当に好きになれる人に出会える

ある女性は男性から興味を持ってもらいたい、と思っているのですが、自分に近づいてくる男性は変な人ばかり。どうしてこんなに「素敵」と思うような男性は私に近づいてこないのでしょう?と悩んでいました。

そんな悩みを解決するために「心よ!」と聞いてもらうことにしました。

その女性は素直に「心よ! どうしたらモテるようになるの?」とストレートにたずねてみました。すると〝心〟は「もっと自分に自信を持てば」と当たり前の答えを返してくれます。

そこで女性は「心よ! どうしたらもっと自分に自信が持てるようになるの?」と聞いてみると、「もっと鏡で自分の姿をじっくりと見てご覧なさいよ!」と教えてくれました。

「あ! たしかに自分の姿をちゃんと見ていない!」と気づきました。「いつも時間がないからといって、化粧も適当だし、自分が素敵だと思えるような服を着ていない」ということに気がついてしまったのです。

そこで「心よ！　おしゃれをするとお金がかかっちゃうよ？」と聞いてみると、「あなただったらお金をかけずにおしゃれする方法を知っているでしょ！」と言われます。たしかに鏡を見ていたら、お金をかけずにおしゃれをするアイデアがどんどんわいてきます。おしゃれをするようになったら、会社に行くのが楽しくなってきます。

それまでまったく構ってくれなかった男性社員が声をかけてくれるようになり、部署内でちやほやされるようになってきました。

でも、ちっとも嬉しくありません。

「心よ！　なんで私は嬉しくないの？」とたずねると、「だって、あなたは外見で左右されるような人は好みじゃないでしょ！」と教えてくれました。

だから私はおしゃれをしたくなかったんだ！と気がついて、ちょっと嬉しくなりました。

そこで女性が「心よ！　私が好みの頭のいい男性と出会えるかな？」とた

ずねると、〝心〟は「目の前にいるでしょ！」と教えてくれました。

長年友だち付き合いをしていた地味な男性が、目の前で本を読んでいました。

「たしかにこの人は頭がいいか！」と、なんだか心が言っていたことに妙に納得してしまったのです。

心に正直になったらお金持ちに

ある男性はお金に余裕を持った生活をすることを目標に、一生懸命勉強して、人がうらやむような資格を取ることができました。

しかし、責任が重いその仕事が嫌になり、その資格を捨てて、もうちょっと責任がない仕事の資格をとるために大学に入り直しました。

ところが、大学での人間関係もうまくいかず、その仕事で一生暮らしていくのも嫌になってしまったのです。

このままだとどんどんお金がなくなってしまう。そして、いつか自分はみじめで貧乏な暮らしをするんだ、と思ったら、ひどいうつ状態になってしまいました。


そこでうつ状態になっている男性の〝心〟に聞いてもらいました。

「心よ！　私はお金のことで不安になっていますか？」

すると〝心〟は「いいえ、あなたはそんなことでは不安になっていません！」と言います。

そこで男性は「心よ！　だったら私はなんでこんな気持ちなんですか？」とたずねてみると、**「あなたが本当にやりたいと思っていることをやっていないから！」**と言われてしまいました。

そこで男性は「心よ！　本当にやりたいことってどうしたらわかるの？」

と聞いてみると、〝心〟は「やりたくないことをまずはやめなさい」といわれました。

たしかに今している勉強はまったくやりたくないことです。そこで、「心よ！　大学は休学してもいいのかな？」とたずねてみると、「当然でしょ！　それがあなたのやりたいことじゃないから！」と言われます。

男性は休学したとたんに数字の勉強がやりたくなり、勉強し始めると、いつしか数字のパターンでお金を稼げる方法を簡単に見つけ出してしまいました。

でも、**そのパターンの勉強がおもしろいだけで、お金を稼ぐことはどうでもよかったのですが、勉強していくうちにいつの間にか将来のお金をまったく心配する必要がないレベルまで稼いでいます。**

ここで、興味深かったのは男性が成功者として鼻高々になっているのではなく、ものすごく淡々としていたことでした。

〝心〟が教えてくれた「本当に好きなことを心と一緒に探求する喜び」は、淡々としていて平穏でした。

うまくいくときは淡々としている

〝心〟に聞きながら行動して変化が起きていくときは、高揚感がありません。

「〝心〟に聞いたらこんなすごい変化があったんです！」と高揚感があるときは、〝心〟につながっているか確かめてもらうために、もう一度「心よ！私と心の間に邪魔がありますか？」と聞いてもらうようにしています。

すると〝心〟との間に邪魔があったりするから興味深いです。


〝心〟はその人にとって一番最善な導き方をしてくれます。

だから「最高！」というような高揚感の後に、「ド〜ン！」とうつ状態が襲ってくるようなことは決してないのです。

〝心〟に聞きながらやっていくと常に淡々としていて、何も変わっていないような感覚になります。そして、不思議と以前望んでいたものはすべて、いつの間にか手に入れているのです。

常に〝心〟に聞きながら行動することで、平常心を保ちながら、さらなる高みへと上っていく様子はとても美しいです。

5 誰かの言葉にアップダウンする日はおしまい

以前とはまるでちがう「ブレない自分」に

何か物事がうまくいくと「これからはうまくいくかもしれない！」とか「もしかして運気が巡ってきたかも？」と嬉しくなっていきます。

でも、次の瞬間に悪いことが起こりそうでこわくなってしまいます。そして、実際に悪いことが起こって「ほらやっぱり嫌なことが起きたじゃない！」と、どん底の気分になります。

誰かから褒められて嬉しい気分で家に帰ると、母親から「なんで勉強をしてないの！」とものすごい形相で怒られたりします。

常に、アップの後にダウンがやって来て、悪いことが起きないことはない、という繰り返しでした。ですから、自分の状態の基本はヘドロの沼のような状態で、そこから抜け出すために常に必死にもがいていました。

一生懸命にそこから抜け出す方法が書いてある本を読んだり、技法をまねしても自分の中にあるヘドロの状態は変わりません。一時はそこから抜け出した気になるのですが、気がつくとそこに戻って、泥沼の中にいます。

ヘドロの自分を人に見抜かれたり知られたりするのが、ものすごくこわかったのです。

でも、〝心〟に聞きながら生活をしているといつの間にかヘドロの沼はなくなっていて、淡々と生活できるようになりました。

ヘドロの沼から抜け出すことが人生の目標のようになっていましたが、一度抜け出してみると、そこには淡々とした生活があって「何も変わらないじゃない！」と思っている自分がいます。

同じように悩んできたクライアントさんが〝心〟に聞きながらヘドロの沼から抜け出した姿を見ていると、とても美しく輝いて見えるのですが、やはりクライアントさんも「何が変わったのかさっぱりわかりません」と言います。

むくみが取れてシュッとなった容姿も、堂々とした話し方も以前とは全然違うじゃないですか！と思うのですが、当の本人は自分の変化にまったく気がついていないのです。

家族の対応や周囲の態度もものすごく変わっているのに、「それが何か？」という感じで当たり前のことのように受け取っているから、「本物の変化ってすごい！」と思います。

実は敵も味方もなかった

大学のとき、教授から「酒を飲んで最高！　と躁状態になるのは、躁のホルモンが分泌されるから」と聞きました。そして、人間には**恒常性機能（真ん中に戻す機能）**があって平常心に戻そうとするんだそうです。

「躁状態を中和させるために、うつのホルモンが分泌されるので、次の日にうつ状態になって前日のことを後悔したりする」とものすごくざっくり教えてくれました。

でも、これを自分のことに当てはめてみると、ものすごくわかるような気がしました。

ヘドロのうつ気分を解消するために、心理学のセミナーに参加すると気持ちが洗われたような気分になって「自分は救われた〜！」となります。

でも「救われた〜！」は躁状態だから、脳はそのバランスをとるためにうつのホルモンを分泌させてしまい、「いつの間にかヘドロまみれだ〜！」とうつ状態に戻ってしまいます。

セミナーに参加して躁状態を生み出せば生み出すほど、正気に戻すためのうつのホルモンの分泌が激しくなり、どん底に堕ちてしまいます。

人との関係でも、人に媚を売って相手が優しくしてくれたら、ものすごく嬉しくなって躁状態になります。でも、次の瞬間、相手がちょっと冷たい態度を取っただけで、この世の終わりのような気分になるのは、脳内の恒常性機能の問題だったなんて気がつきもしませんでした。

6 変な人が近づいてこなくなる!

心の「恒常性」機能

なんでも〝心〟に聞きながら生活していると、以前あったアップダウンの気分の変動は気がついたらなくなっています。

〝心〟から「あのヘドロのようなうつ気分は、あなたのものではなくて入れられているもの」といわれたときに、ブッダが瞑想をしているときに恐怖の幻想を見せて邪魔をしようとしていたマーラとの場面が浮かんできました。

自分では「リアルじゃんこれ!」と思っていた絶望感は、脳のネットワークを通じて他の人の脳から伝わって来ていたもの。

その絶望の苦痛で脳内麻薬が分泌されるため、気づかないうちに「絶望感の苦痛」をほしがっていたことを、心は教えてくれました。

「この絶望感は自分のものじゃない」とわかった瞬間に、脳内麻薬の酔いから覚めていきました。酔いから覚めてみると、あのうつ状態から抜け出すために必要だと思っていた、人間関係、才能、知識、お金、実績などに一切執着がなくなります。

うつ状態から抜け出すためにそれらを高く積み上げなければ、と思っていました。

でも、〝心〟に聞いていたら、それすらもすべて脳のネットワークで他の人から伝わってくる幻想であって、自分のものでないことに気がつき、脳内麻薬の酔いから醒めていくのです。

恒常性とは「真ん中に戻す」という性質ですが、以前は自分の意思の力でそれをコントロールしようとしていました。

そのため、常に怒りがわいて来て、そしてその後に落ちこみ後悔が襲ってきて、ジェットコースターに乗っているようなアップダウンを繰り返していたのです。

〝心〟に聞きながら生活してみると〝常に真ん中〟が基本になります。

そのため、普段の生活はとても淡々としたものになります。

自動運転で不快なことを避けられる

もちろん嬉しいことがあれば喜べるのですが、その後に落ちこむことはありません。不快なことがあっても、引きずることなく時間の経過とともに自然に元の真ん中へと戻って来れます。

ベースは真ん中で、そして、嬉しいときには嬉しいと感じ、不快なときには適切に「不快！」と感じる。

そして、そのとき感じたまま流れていくので、不快は適切に避けて、嬉しい方向へと流されていく。すると、どんどん嬉しい方向へと進んでいくのですが、常に真ん中なので本人は「それが当た

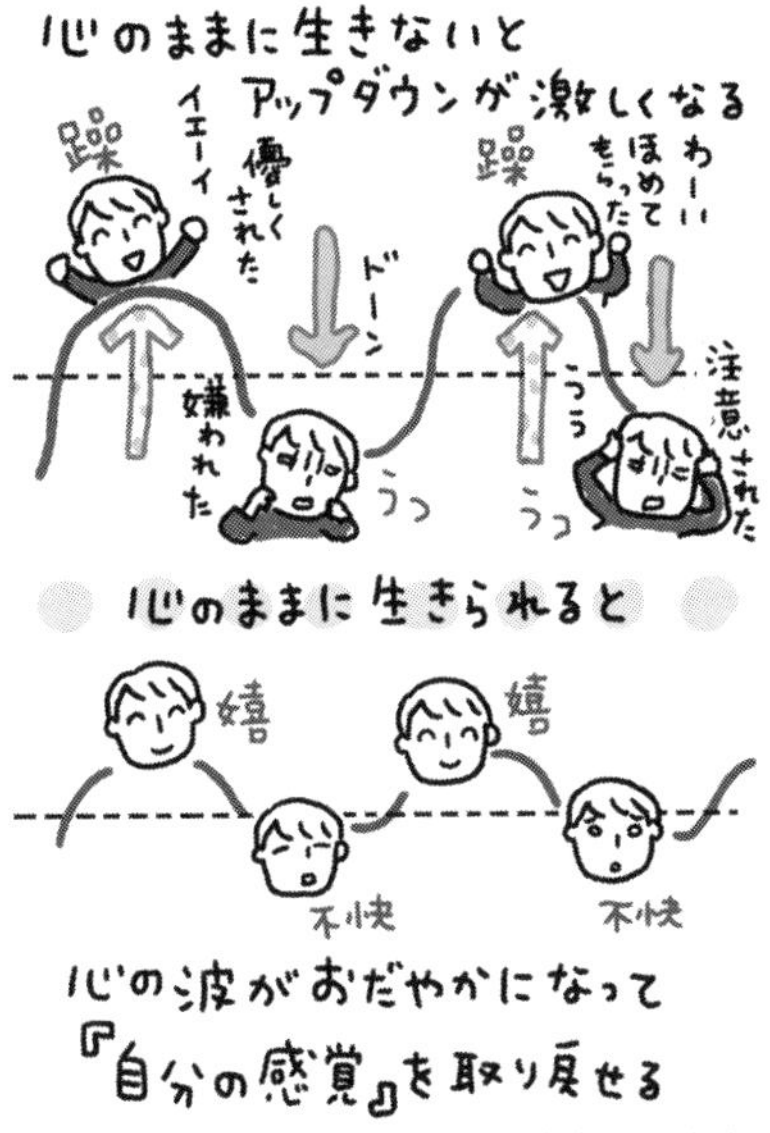

心に聞きながら生活すると、「いつも真ん中」でいられる！

り前」となります。

そして、不快を適切に感じて不快な方向を自然と避けるので、不快にどっぷりはまることがなくなり、常に「自由」に動けます。でも、それも〝心〟に聞きながらの心の自動運転なので本人はそれに気がつくことはほとんどありません。

一つだけ気がつくことができるのは、「不快な人のことが頭の中を巡っていない」ということです。

この恒常性を身につける前は、常に誰か不快な人や気になる人の言動が頭を巡っていて、「あいつ!」と怒ったり「悪いことをしてしまったかな?」と反省が頭から離れませんでした。〝心〟の自動運転で不快を避けるので、そのような人に近づかないし、不思議と頭に残るような不快な人が自分に近づいてこなくなるのです。

恒常性を身につけることで、まるで、虫除けスプレーをしたように、不快

な人は自分を無視して他の人に不快をまき散らしに行きます。そんな姿を見てフッと「懐かしいな〜！」と思ったりします。

いつも「なんで自分にばっかり変な人が寄ってくるの？」と思っていたのに、連続してスルーされたときはちょっと寂しい気持ちになったりするから不思議です。

7 無意味な力関係のない世界へ

誰かの目を気にして、いつも緊張していた

子どもの頃からいつも誰かの目を気にして緊張していました。

学校が終わって駄菓子屋さんでお菓子を買うときも、「こんなムダなことにお金を使って」と母親に見られたら怒られる、と思いながらお金を払います。

家に帰ってからお金を無駄にした罪悪感でビクビクしてしまいます。ビクビクしていると勘の鋭い母親から問いつめられて、言い訳をしていると話の

つじつまが合わなくなり、駄菓子屋でお小遣いを使ったことがばれて「ウソをついた！」と怒られます。

何をするにも「誰かから非難される、怒られるのでは？」と人の目を気にしながらおびえています。だから何をやっても楽しめません。でも、悪癖からは抜けられないのです。

罪悪感がわいてくるからやりたくないはずなのに、それをやめることができない。「こんなことやめたい！」と心から思っているはずなのに、それがやめられないダメな自分がそこにいました。

「心よ！」と〝心〟のタグをつけて自問自答のようなことをするようになってから、〝心〟からおもしろい答えが返ってくるようになりました。

夜中に仕事から疲れて帰ってきて、私を非難する人たちの顔がグルグル頭に浮かんできて、それを紛らわすためにスナック菓子を食べてしまいます。

食べた後で後悔するのがわかっているのに、つい手を出してしまう自分がいるのです。

「心よ！　今、私はスナック菓子が食べたいの？」と聞いてみます。すると〝心〟は「それはあなたの感覚じゃない！」と答えてくれます。

「え？　心よ！　私のじゃないんだったら誰の感覚？」と聞いてみると、次の瞬間、母親の姿が浮かんで「親の目を盗んで、お菓子をボリボリ食べている子」という言葉が浮かんできました。

子どもの頃に、罪悪感でいっぱいになりながらも駄菓子を買うのがやめれなかった、あのみじめな感覚がよみがえってきました。

「心よ！　あの感覚も自分のものじゃなかったの？」と聞いてみると、〝心〟は「支配されてやらされていたこと」と教えてくれました。**ずっと「やめられない自分が悪い」と責め続けていたのは、実は自分の感覚じゃなくて自分を支配している人の感覚が伝わってきているだけと、〝心〟は教えてくれた**

のです。

もう誰のこともこわくない

誰と一緒にいても、いつも自分がおかしなことをしていて相手から責められてしまう感覚がありました。

だから、いつも誰と一緒にいても安心することができなくて人がこわかったのです。

以前、会社に勤めているとき、会議の場で自分がおかしなことを言ったせいで、みんなから白い目で見られて、いても立ってもいられないような感覚になったことがありました。

白い目で見ている人たちに怒りがわいてきて、「自分たちは何もしないで人の批判ばっかりするな！」と怒鳴りつけてやりたくなります。

でも、そんなことを言ってしまったら、ますます自分がみじめになることはわかっていて、そんなことを考えているとどんどんみんなの冷たい視線が気になってしまいます。

そんなときに「心よ！　今、みんなから失望されて白い目で見られているの？」と恐る恐る確かめてみます。

すると〝心〟は「幻想を入れられているだけ！」と教えてくれます。

さらに〝心〟に聞いてみると、会議を仕切っているボスが「俺が一番でお前らは無能だ！」という幻想をつくってみんなに入れているだけ、と教えてくれました。

ただ単純に、ボスのつくり出す幻想にはまって、わたしはものすごくみじめな気持ちになっているだけ、とのことでした。

「心よ！　だったらこのボスからの幻想に対してどうしたらいいの？」と聞いてみました。すると〝心〟は「無視しちゃえばいいよ！」と教えてくれます。

どうやって無視していいのかわからなかったのですが、目を上げてみんなを見てみたら、さっきの冷たい視線は一切感じなくなっていました。

みんな、このボスがつくり出す異様な雰囲気をどう切り抜けたらいいのかを真剣に考えています。「みんなボスから支配されている仲間じゃん！」と思ったら、なんだか嬉しくなってきました。

幻想から解かれてみれば、みんな自分と同じ仲間でした。

恐怖や不安に陥るたびに〝心〟に聞いていくと、どんどん幻想が解かれて、そこには人がこわくない現実の世界が広がっていました。

みんな私と同じように幻想に入れられておびえているだけ。〝心〟に聞きながら幻想から抜け出してしまえば〝一体感〟が感じられる。みんなと一緒にいて安心できる〝一体感〟はとても心地がいい！

ありのままで幸せな私に

〝心〟に「この馬鹿にされている感覚はわたしの感覚？」と聞いていくと、〝心〟は「違う！」と教えてくれます。

その感覚は私を下に置いて支配しようとする人からの幻想でした。それまで幻想の世界が現実で、自分に近づいてくる人は自分を利用して振り回す人、裏切って陥れようとする人ばかり、と思っていました。

〝心〟に聞きながら幻想の世界から抜け出していくと、いつの間にかそんな人たちから離れていき、やがて自分を信頼して慕ってくれる人たちが近づいてくるようになりました。

素敵な人たちが近づいてきても、これまでの苦い経験がたくさんあるので、すぐに信用できません。そこで「心よ！　この人たちを信用しても大丈夫なの？」と聞いてみます。すると〝心〟は「信用するとかしないとかは必要なくて、あなたはあなたのままでいい」と。その思考のような心の声が浮かんだ瞬間に、**「あ！　自分は相手から好かれるためにサービスをすることを考えちゃっているんだ！」**と気がつきました。

必要以上にサービスをしてしまえば上下関係ができてしまい、〝一体感〟は感じられなくなります。私が私のままでいられる相手こそが対等で、一緒にいて〝一体感〟を得られる相手なんだ、と心は改めて気づかせてくれるのです。

相手に対して気を使わないで素のままでいられるこの心地よさ。そして、素のままの私に近づいてくれて一緒に楽しめる相手との時間は、キラキラと輝いていました。
その美しい輝きが私の中でどんどん蓄積されていき、私の人生を満たしてくれる。
その輝きがあるから、もう闇におびえる必要がありませんでした。

光があれば影がある。
この輝きの中に生きるためにあの頃の闇は必要だったのかもしれない、と懐かしく思えます。そんなことを考えていたらフッと笑顔が浮かんできました。

〈著者紹介〉

大嶋信頼（おおしま・のぶより）

心理カウンセラー／株式会社インサイト・カウンセリング代表取締役
米国・私立アズベリー大学心理学部心理学科卒業。

ブリーフ・セラピーのＦＡＰ療法 (Free from Anxiety Program) を開発。

アルコール依存症専門病院、周愛利田クリニックに勤務する傍ら東京都精神医学総合研究所の研究生として、また嗜癖問題臨床研究所付属原宿相談室非常勤職員として依存症に関する対応を学ぶ。

嗜癖問題臨床研究所付属原宿相談室室長を経て、株式会社アイエフエフ代表取締役として勤務。

「どんな人でも心の傷があり、その人が認識していない心の傷でも治療することで、もっと自由に生きることができるのではないか？」と心的外傷治療に新たな可能性を感じ、インサイト・カウンセリングを立ち上げる。

「自由に生きられるようになるということは、生活の中で的確に自己主張ができるようになり、より幸せな人生を選択できるようになること」と考え、多くの人が自由に生きられることを目指し、治療を行っている。

カウンセリング歴 30 年、臨床経験のべ 9 万件以上。


著書に『「すぐ不安になってしまう」が一瞬で消える方法』（すばる舎）、『無意識さん、催眠を教えて』（光文社）、『「与えあう」ことで人生は動きだす』（青春出版社）、『無意識さんの力でぐっすり眠れる本』（ダイヤモンド社）、『催眠ガール 2』（清流出版）、『動物にタイプ分けで簡単！ あなたの周りのイヤな人から身を守る方法』（エムディエヌコーポレーション）など多数。

ブログ「緊張しちゃう人たち」や会員制オンライン講座「無意識の旅」をほぼ毎日更新している。

装丁デザイン　大前浩之（オオマエデザイン）
本文デザイン　尾本卓弥（リベラル社）
DTP　田端昌良（ゲラーデ舎）
編集人　安永敏史（リベラル社）
編集　伊藤光恵（リベラル社）
営業　津村卓（リベラル社）
広報マネジメント　伊藤光恵（リベラル社）
制作・営業コーディネーター　仲野進（リベラル社）

編集部　中村彩・木田秀和
営業部　澤順二・津田滋春・廣田修・青木ちはる・竹本健志・持丸孝

※本書は2016年にすばる舎より発行した『「いつも誰かに振り回される」が一瞬で変わる方法』を再構成し文庫化したものです。

「いつも誰かに振り回される」が一瞬で変わる方法

2024年6月24日　初版発行

著　者　大嶋信頼
発行者　隅田直樹
発行所　株式会社 リベラル社
〒460-0008　名古屋市中区栄3-7-9　新鏡栄ビル8F
TEL 052-261-9101　FAX 052-261-9134
http://liberalsya.com
発　売　株式会社 星雲社（共同出版社・流通責任出版社）
〒112-0005　東京都文京区水道1-3-30
TEL 03-3868-3275
印刷・製本所　中央精版印刷株式会社

 ISBN978-4-434-33989-9　C0130

リベラル社の好評既刊

好かれる人は話し方が９割

著者：中谷彰宏　文庫判／232ページ／¥720＋税

好かれるかの分かれ目は、会話だ

好かれるかどうかの分かれ目は、ルックスでも性格でもなく、会話です。出会いは、会話から生まれます。チャンスも、会話から、生まれます。「リモート会議になって、会話が難しくなった」という声をよく聞きます。今まで以上に、好かれる会話が大事になります。好かれる会話の工夫を身につけるための中谷彰宏の「好かれる人の話し方６２の方法」。